APRENDENDO A APRENDER PARA CRIANÇAS E ADOLESCENTES

APRENDENDO A APRENDER PARA CRIANÇAS E ADOLESCENTES

COMO SE DAR BEM NA ESCOLA

Barbara Oakley, Ph.D.
e Terrence Sejnowski, Ph.D.
com Alistair McConville

Tradução
Rebeca Leite Camarotto

4ª edição

BestSeller

Rio de Janeiro | 2023

CIP-BRASIL. CATALOGAÇÃO NA PUBLICAÇÃO
SINDICATO NACIONAL DOS EDITORES DE LIVROS, RJ

Oakley, Barbara

O11a   Aprendendo a aprender para crianças e adolescentes: como se dar
4ª ed. bem na escola / Barbara Oakley, Terrence Sejnowski, Alistair
McConville; tradução Rebeca Leite Camarotto. – 4ª ed. –
Rio de Janeiro: Best*Seller*, 2023.
: il.; 23 cm.

Tradução de: Learning How to Learn: How to Succeed in School
without Spending All Your Time Studying; A Guide for Kids
And Teens
ISBN 978-85-465-0166-3

1. Método de estudo. 2. Construtivismo (Educação). I. Sejnowski,
Terrence. II. McConville, Alistair. III. Camarotto, Rebeca Leite.
IV. Título.

CDD: 371.30281
18-54069   CDU: 37.012

Texto revisado segundo o Acordo Ortográfico da Língua Portuguesa de 1990.

Título original
LEARNING HOW TO LEARN: HOW TO SUCCEED IN SCHOOL
WITHOUT SPENDING ALL YOUR TIME STUDYING;
A GUIDE FOR KIDS AND TEENS

Direitos exclusivos de publicação em língua portuguesa para o Brasil
adquiridos pela
Editora Best Seller Ltda.
Rua Argentina, 171, 3º andar, São Cristóvão
Rio de Janeiro, RJ – 20921-380
que se reserva a propriedade literária desta tradução

Impresso no Brasil

ISBN 978-85-465-0166-3

Seja um leitor preferencial Record
Cadastre-se no site www.record.com.br e receba informações
sobre nossos lançamentos e nossas promoções.

Atendimento e venda direta ao leitor
sac@record.com.br

SUMÁRIO

UM LEMBRETE PARA PAIS E PROFESSORES

Bem-vindo ao nosso livro. Você está ajudando uma criança a aprender de forma mais efetiva, o que significa que já estamos no mesmo time!

Algumas ideias deste livro foram apresentadas no best-seller de Barb, *Aprendendo a aprender — Como ter sucesso em matemática, ciências e qualquer outra matéria* (Infopress, 2015). Muitos leitores acharam que as ideias eram tão simples e práticas que mereciam ser compartilhadas com o público mais jovem. E ouvimos de milhares de pessoas que essas ideias são úteis para aprender qualquer assunto.

Então este livro é direcionado a pré-adolescentes e adolescentes, embora adultos também encontrem nele um tesouro com ideias novas e com práticas possíveis. Entender um pouquinho como o cérebro funciona pode fazer com que o aprendizado seja mais divertido e menos frustrante.

Há várias maneiras de usar este livro. Alguns adolescentes podem querer lê-lo por conta própria. Podem conversar com amigos sobre as ideias principais para ajudar a fixá-las na mente. Outros jovens (e adultos!) talvez queiram devorar o livro, com o objetivo de aprender tudo de uma só vez. Isso não funciona! Participação ativa é fundamental! Os exercícios só serão úteis se forem feitos. O livro será mais bem aproveitado com um caderno de anotações ao lado para responder perguntas e desenhar figuras com as ideias-chave. Aqueles jovens que leem tudo rapidamente vão aproveitar mais quando houver um adulto participando da leitura, questionando e interagindo.

Se você é mãe, pai, avô, avó, tia ou tio, sugerimos que seu pequeno leia em voz alta para você. Geralmente, meia hora ininterrupta de leitura é suficiente (crianças menores podem ler por menos tempo). Ler em voz alta é uma aventura divertida na qual se aprende junto, em família.

Se você é professor, pode ler o livro com seus alunos. Ou talvez pedir que leiam um pouco em silêncio, para em seguida discutirem em grupo. Você verá que este livro tem uma terminologia comum que poderá ajudá-lo a ensinar outros conteúdos.

A melhor fase para aprender sobre aprender é a infância, pois temos muitos anos pela frente para aproveitar as ferramentas. Também abre portas para as novas carreiras incríveis que estão surgindo com as mudanças trazidas pela contemporaneidade.

Obrigada por se juntar a nós nesta aventura. Vamos começar!

— Barb Oakley, Terry Sejnowski e Al McConville

CAPÍTULO 1

O PROBLEMA DAS PAIXÕES

Olá, meu nome é Barb. É um prazer conhecer você!

Vou contar um segredo. Durante minha infância, por muitas vezes fui uma péssima aluna. É claro que eu era ótima nas matérias que gostava, mas nas outras, deixa pra lá.

Todos me diziam que eu deveria seguir minha paixão e eu pensava que isso significava "Faça o que gosta, e não faça o que não gosta." Parecia um bom conselho. Eu odiava ciências e matemática, por isso evitava essas matérias como se elas fossem um veneno. Quando tinha que cursá-las tirava notas baixas ou era reprovada.

Acabei me tornando professora de engenharia. Surpreso? Engenheiros precisam de um profundo conhecimento em matemática e ciências. Hoje, adoro as duas matérias e sou muito boa nelas. Como consegui? Descobri os segredos de como aprender bem.

Esta é uma foto minha — Barb Oakley. Descobri que era capaz de aprender muito mais do que jamais pensei.

Este é um livro sobre como se tornar um bom aprendiz. Foi escrito para pré-adolescentes e adolescentes, mas os ensinamentos dele se aplicam a todos. E têm a ver com todos os tipos de aprendizagem. Não importa se você está interessado em futebol, matemática, dança, química, pedalar um monociclo, aprender outra língua, melhorar no videogame ou entender a física de como uma bola quica, este livro é para você.

O cérebro é incrível. É o dispositivo mais sofisticado do universo. Ele muda a própria estrutura conforme o que você faz com ele.

Praticamente qualquer um pode ir bem em qualquer matéria se souber mais sobre aprendizagem. Seu cérebro é mais poderoso do que você pensa. Basta saber como liberar essa potência. Há alguns truques simples que podem melhorar sua aprendizagem, quer você já seja um bom aluno, quer não seja tão bom assim. Esses truques também podem tornar seu aprendizado mais divertido (por exemplo, você conhecerá alguns zumbis neste livro, mas não se preocupe, eles são amigos e querem ajudá-lo a aprender!).

Escrevi este livro com o professor Terry Sejnowski. Terry sabe muito sobre ciência do cérebro — isto é, "neurociência".* Ele é especialista em aprendizagem e trabalha com outros neurocientistas que ajudam as pessoas a aprender melhor. Professores de outras áreas como psicologia† e educação também estão descobrindo muito sobre como nós aprendemos.

---

* Você deve estar se perguntando o que o símbolo *, chamado asterisco, está fazendo no final da frase. O asterisco é um símbolo que indica uma "nota de rodapé". Isso significa que na parte inferior da página você pode encontrar mais informações sobre o que há nela (então lá vai!). Outros símbolos podem ser usados, por exemplo, uma adaga para uma segunda nota de rodapé na mesma página, ou uma adaga dupla para uma terceira. A nota de rodapé geralmente apresenta informações interessantes sobre um tema relacionado ou úteis apenas para alguns leitores. Você só precisa ler a nota de rodapé se estiver curioso e quiser saber mais sobre o assunto.

Enfim, esta nota de rodapé está aqui caso você não saiba muito bem o significado de neurociência, que é qualquer disciplina ou conjunto de disciplinas que estuda o sistema nervoso, a anatomia e a fisiologia do cérebro humano, e suas interações com outras áreas do conhecimento.

Fonte: Dicionário Caldas Aulete Digital

† Psicologia é a ciência que tenta explicar por que pensamos e nos comportamos de determinada forma. Alguns piadistas dizem que a psicologia é uma ciência que afirma o que já sabemos usando palavras que não entendemos. De fato, ela usa algumas palavras compridas para ideias importantes. Tentaremos traduzir essas palavras para você neste livro.

Este é meu coautor, Terrence Sejnowski. Ele é especialista em cérebro.

Terry e eu queremos compartilhar ensinamentos de todas essas áreas e ajudar a melhorar sua capacidade de aprender. As lições deste livro são baseadas na ciência e foram elaboradas por Terry e por mim. Alistair McConville também é um membro importante da nossa equipe de autores. Ele tem muitos anos de experiência como professor de crianças e adolescentes e nos ajudou a escrever de uma maneira menos formal e mais fácil de entender.

Este é nosso outro coautor, Alistair McConville. Al trabalha com adolescentes há muitos anos!

Terry e eu sabemos que é possível aprimorar suas habilidades de aprendizagem. Como sabemos? Somos professores do maior "curso on-line aberto e massivo" (MOOC) do mundo, chamado "Aprendendo a aprender". Já tivemos milhões de alunos. Por meio desse curso, vimos todo tipo de pessoa conseguir grandes avanços em suas habilidades de aprendizagem. Não é uma surpresa que o curso ajude nisso. Ele é baseado naquilo de melhor que as pesquisas mostram sobre como aprendemos. Então sabemos que funciona!

Mesmo os alunos excelentes podem melhorar sua capacidade de aprender. E os que ainda não são, também podem. As técnicas e lições que vamos ensinar não vão fazer com que aprender se torne muito fácil, mas vão te ajudar mais tempo para as coisas que você gosta, sejam elas jogar videogame, futebol, ficar no YouTube ou se divertir com os amigos.

Aprender a aprender fará com que seus anos na escola sejam mais divertidos e menos frustrantes. Nós forneceremos ferramentas poderosas para que você melhore sua memória, termine seu trabalho mais rapidamente e se torne um especialista em quaisquer matérias que escolher. Você descobrirá visões fantásticas e inspiradoras. Por exemplo, se acha que aprender é difícil e demorado, na realidade você tem vantagens especiais no departamento de criatividade.

Aprender a aprender, porém, serve para algo mais. Abre novos horizontes inteiros para seu futuro. O mundo do trabalho no futuro precisará de pessoas criativas com muitos talentos diferentes. Estamos aqui para ajudá-lo a desenvolver os muitos talentos e a criatividade que existem dentro de você!

Pule adiante se quiser!

Se quiser ir direto às dicas sobre a melhor forma de aprender, pule para a seção "Agora tente!" no final deste capítulo. Mas se quiser saber mais sobre o passado da Barb e como ela mudou seu cérebro para aprender melhor, continue lendo (você terá que ir com ela ao Polo Sul, na Antártida).

Mais adiante você, conhecerá as histórias de Terry e de Al e perceberá como somos todos diferentes.

Como mudei meu cérebro

Quando eu era pequena, adorava animais e artesanato, mas odiava os números. Ficava confusa com relógios antigos, por exemplo. Por que o ponteiro das horas é menor do que o dos minutos? As horas não são mais importantes do que os minutos? Então por que o ponteiro das horas não é o maior? Por que os relógios são tão confusos?

Eu aos 10 anos com o carneiro Earl. Eu adorava bichos, ler e sonhar. Matemática e ciências não estavam no meu repertório.

A tecnologia não era minha praia também. Eu não sabia para que serviam todos os botões da televisão (isso foi antes de o controle remoto ser inventado). Por isso eu só assistia a programas de TV quando meu irmão ou minha irmã cuidavam da parte "técnica" das coisas. Por isso eu não tinha esperanças de me dar bem em matérias como matemática e ciências.

Um pouco de má sorte em casa piorou tudo. Quando eu tinha 13 anos, meu pai perdeu o emprego devido a uma lesão nas costas, e tivemos que nos mudar. Na verdade, eu me mudei muito durante a infância. Aos 15 anos já tinha morado em dez lugares diferentes. Toda vez que ia para uma nova escola eu já havia perdido uma parte do conteúdo de matemática. Eu me sentia perdida. Era como pegar um livro e descobrir que os capítulos estavam todos fora de ordem. Nada fazia sentido para mim.

Perdi todo o interesse em matemática. Quase me orgulhava de ser tão terrível naquilo. Eu era assim e pronto. Pensava em números e equações como doenças mortais que deveriam ser evitadas a todo custo.

Não gostava de ciências também. No meu primeiro experimento de química, meu professor deu para a turma uma substância e outra diferente para mim e meu colega. Depois zombou de nós quando tentamos fazer com que nosso resultado coincidisse com o dos demais.

Felizmente eu era melhor em outras matérias. Gostava de história, estudos sociais e qualquer coisa relacionada a cultura. Minhas notas nessas disciplinas me ajudaram a concluir o ensino médio.

Como eu não me dava bem com os números, decidi aprender uma língua estrangeira. Cresci ao redor de pessoas que falavam somente inglês. Ser capaz de falar duas línguas parecia muito exótico, mas eu não tinha como pagar um curso. O que poderia fazer?

Descobri que as Forças Armadas poderiam pagar para mim. Então, assim que terminei a escola, entrei para o exército para aprender russo. Por que russo? Nenhum motivo especial, apenas parecia interessante.

Estudei no Instituto de Línguas do Departamento de Defesa dos Estados Unidos, na Califórnia. Eles conheciam as melhores técnicas para ensinar línguas. Aprender um idioma novo não foi fácil. Eu não tinha boa memória, então precisava praticar muito. Mas aos poucos fui melhorando.

Acabei ficando tão boa que ganhei uma bolsa (dinheiro para pagar os estudos) para uma grande universidade. Lá eu continuei a estudar russo. Fiquei tão empolgada! Segui minha paixão (aprender idiomas) e isso estava me dando frutos.

Mas...

Uma catástrofe acontece

Fui designada pelas Forças Armadas como oficial em um grupo chamado Comando de comunicações. Isso significava que eu teria que trabalhar com minha velha inimiga, a tecnologia. Rádios, cabos e telefones... De especialista em línguas senti como se tivesse voltado para minha aula de química do ensino médio. Fiquei perdida.

Então fui enviada à Alemanha para gerenciar um grupo de cinquenta soldados que estavam se especializando em comunicações. Mais tecnologia. Acabei ficando péssima no meu trabalho. Se eu não era capaz de configurar os equipamentos de comunicação, como poderia dizer aos soldados como fazer isso?

Os oficiais que gerenciavam outros grupos eram muito eficientes. Eram engenheiros, por isso ficavam à vontade com tecnologia, matemática e ciências.

Aos 26 anos, saí das Forças Armadas. Poucas pessoas queriam me contratar. Eu era muito boa com línguas, mas não tinha outras habilidades que pudessem me ajudar a conseguir um emprego. Percebi que eu não tinha muitas escolhas porque havia seguido minha paixão e nada mais.

Língua e cultura serão sempre importantes. Mas hoje em dia, ciência, matemática e tecnologia também são. Eu queria as novas oportunidades fascinantes que essas áreas ofereciam! Mas eu teria que retreinar meu cérebro para aprender matemática e ciências para ter uma chance. Seria possível para alguém como eu?

Eu decidi tentar.

Reconstruindo minha carreira

Voltei para a universidade para estudar engenharia. Comecei no nível mais básico possível de matemática: álgebra para pessoas que eram péssimas no ensino médio.

No início, senti como se estivesse vendada. Os outros alunos descobriam soluções para os problemas facilmente e eu não. Nos primeiros meses, ficava me perguntando se havia tomado a decisão certa.

Se eu soubesse o que sei agora, teria sido muito mais fácil. Claro, este livro é sobre isso. Queremos compartilhar as melhores ferramentas mentais de aprendizagem para que você não tenha tanta dificuldade como eu tive. Após alguns anos na faculdade, minhas opções de carreira melhoraram, mas ainda dentro da língua estrangeira. Trabalhei, por exemplo, como tradutora de russo em um navio pesqueiro. Mas também comecei a explorar minhas novas habilidades técnicas e acabei trabalhando como operadora de rádio na Estação Polo Sul. Aliás, foi lá que conheci meu marido, Phil. Aí está ele após apenas dez minutos no vento intenso a cinquenta graus negativos. Tive que ir ao fim do mundo para conhecer esse homem!

Meu marido, Phil Oakley, na Antártida após dez minutos ao ar livre, a 56 graus negativos. Ele é meu herói!

Se eu não tivesse aprendido como aprender matemática e ciências, eu não o conheceria. Estamos casados há quase 35 anos (você conhecerá uma de nossas filhas mais adiante).

Por fim, conclui uma nova graduação em engenharia elétrica. Depois de trabalhar quatro anos como engenheira, voltei a estudar para obter o mestrado em engenharia elétrica e computacional. Então, com muitos mais anos de estudos, obtive o título de doutorado em engenharia de sistemas. É por isso que as pessoas às vezes me chamam de "doutora" Oakley (mas eu ainda prefiro "Barb"). Tornei-me especialista em equações matemáticas complexas e em conceitos científicos. Muita coisa para a menina que não conseguia nem mexer na televisão.

Eu "reconectei" meu cérebro para que conseguisse superar minhas fraquezas.

Como professora, eu agora me interesso de verdade pelo tipo de aprendizado das pessoas. Foi assim que conheci meu coautor, Terry Sejnowski. Nós conversávamos muito sobre esse assunto. E foi também dessa mesma maneira que conheci nosso outro coautor, Alistair ("Al") McConville. Ele entendeu como aprender qualquer coisa de um jeito incomum.

Queremos compartilhar técnicas simples. Ouvimos de muitos adultos talentosos que essas ferramentas tão acessíveis os teriam ajudado a aprender quando eram mais jovens. Teriam até mesmo mudado os rumos de sua educação. Eles não percebiam a potência que tinham dentro de si.

Você tem um dom especial para aprender. Se liberar isso enquanto ainda é jovem, desfrutará dos efeitos pela vida toda.

É fácil acreditar que devemos nos concentrar apenas nas matérias que são simples para nós. Mas minha história mostra que é possível ir bem até nas matérias que você não gosta. A verdade é que não há problema em seguir nossas paixões, mas expandir minhas paixões abriu inúmeras oportunidades maravilhosas para mim. Aprender conteúdos novos, algo de que eu não pensava ser capaz, acabou sendo uma aventura!

As pessoas acham difícil acreditar que podem ser aprendizes bem-sucedidos quando têm dificuldades com um assunto. Mas a neurociência (isto é, a ciência do cérebro) mostra que elas estão erradas. Seu cérebro é como um incrível kit de ferramentas. Sua tarefa é aprender quando e como usar essas ferramentas. Afinal, você não usaria um martelo para apertar um parafuso.

Enfim, chega de falar de mim e do que nos fez escrever este livro. No próximo capítulo, mostrarei o que acontece quando aprender se torna frustrante. Existe um truque simples que pode ajudar nisso.

Agora tente! Passeie pelas figuras!

Eu sempre lia meus livros da escola página por página. Queria ter certeza de que tinha entendido todas as ideias antes de ir para o próximo capítulo. Parece sensato, não parece?

Mas não faça isso! É um grande erro.

Quando começar um novo capítulo, "passeie pelas figuras".* Passe os olhos pelas páginas. Olhe brevemente para as imagens, legendas e gráficos, mas também para os títulos, palavras em negrito, resumo e perguntas do final do capítulo, se houver.

É importante "caminhar pelas figuras" do livro para ver as ilustrações e os títulos das seções antes de começar a ler.

Pode parecer loucura, afinal você nem leu o capítulo ainda. Mas está dando a seu cérebro uma ideia do que está por vir. É mais ou menos como assistir a um trailer de um filme, ou olhar um mapa antes de viajar. Você ficará surpreso ao constatar como um ou dois minutos olhando as páginas permite que você organize seus pensamentos antes de ler a fundo. Isso funciona mesmo se você estiver lendo em um dispositivo eletrônico. Basta marcar o início do capítulo para que você possa retornar a ele facilmente. É como um guarda-roupa. Ao caminhar pelas figuras você ganha "cabides" nos quais pode organizar a informação que está lendo. Sem cabides, as roupas caem e ficam bagunçadas.

* Às vezes é também chamado de "passear pelo texto".

Importante! Pegue um caderno ou um pedaço de papel; conforme for lendo o próximo capítulo, faça anotações, responda perguntas e faça desenhos com ideias-chave. Isso vai ajudá-lo a evitar a leitura desatenta e a fixar as ideias novas em seu cérebro. E claro, antes de começar a ler o capítulo, caminhe pelas figuras. E tente responder as perguntas do final do capítulo para ter uma noção do que estará buscando aprender.

Se você fizer disso um hábito para cada capítulo, verá que as ideias do livro vão ajudá-lo de forma mais poderosa!

CAPÍTULO 2

PEGUE LEVE

Se esforçar demais pode ser um problema

Sua professora, sua mãe ou seu pai alguma vez já te pediu para prestar atenção? Ou para manter o foco? É provável que você já tenha dito isso para si mesmo! É fácil se distrair. Às vezes o que acontece lá fora parece mais interessante do que aquilo que está na sua frente. Não dá para evitar pensar nos amigos ou no almoço.

Distrair-se é sempre ruim, certo?

Talvez não. Vejamos.

Veja o jogo de xadrez na próxima figura. Observe o menino da esquerda; ele está jogando contra o cara da direita. O menino parece mal-educado, não é? Um típico garoto de treze anos, sem concentração (já ouviu os adultos falarem coisas assim? Normalmente colocam a culpa nos smartphones).

Magnus Carlsen (à esquerda), treze anos, e o lendário gênio do xadrez Garry Kasparov jogando uma partida na competição "Reykjavik Rapid" em 2004. Kasparov ficou surpreso quando Magnus deixou o tabuleiro e foi olhar as outras partidas. Garry Kasparov é um dos maiores jogadores de xadrez de todos os tempos. Magnus não está concentrado então não tem chances de ganhar, correto?

Por incrível que pareça, Kasparov não venceu a partida. Os dois empataram. O melhor jogador do mundo não conseguiu derrotar o menino de treze anos que parecia estar totalmente distraído.

Surpresa! Às vezes precisamos perder a concentração para podermos pensar com mais clareza. Dispersar de vez em quando (não sempre) pode ser útil quando estamos aprendendo ou solucionando um problema.

Pouco depois de essa foto ser tirada, Magnus voltou ao tabuleiro e concentrou-se no jogo novamente. Ele deu uma pausa rápida para focar melhor quando voltasse.

A mensagem deste capítulo é que às vezes é preciso ficar menos focado para se tornar um aprendiz melhor. Por que isso acontece?

Você tem dois jeitos de pensar!

No capítulo anterior, mencionei a palavra "neurociência", a ciência do cérebro. Os neurocientistas usam novas tecnologias de exames cerebrais para observar o interior do cérebro e entendê-lo melhor.

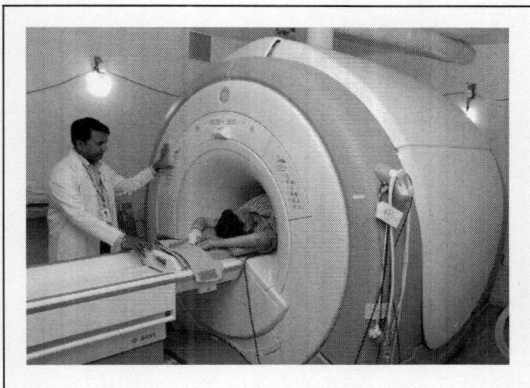 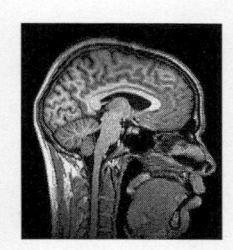

À esquerda, exame de ressonância magnética. O paciente deita em uma cama especial que desliza para dentro da máquina. Em seguida, a máquina tira fotos do interior do cérebro, como a que está à direita. Muito legal!

Os neurocientistas descobriram que nosso cérebro trabalha de dois jeitos diferentes. Chamaremos esses dois jeitos de modo focado e modo difuso.[*1] Ambos são importantes para a aprendizagem.

Modo focado

Estar no modo focado significa estar prestando atenção, como fazemos ao tentar resolver um problema de matemática, por exemplo, ao escutar a explicação do professor.

---

* A palavra "difuso" significa "que se estende ou espalha em todas as direções".

Você está focado quando joga videogame, monta um quebra-cabeça ou aprende palavras em outro idioma.

No modo focado, você coloca partes específicas do cérebro para trabalhar, de acordo com o que está fazendo. Por exemplo, quando está focado em fazer multiplicações você usa partes diferentes da que usaria se estivesse falando.* Quando estiver tentando aprender algo novo, a primeira coisa a fazer é focar atentamente para "ligar" as partes do cérebro e iniciar o processo de aprendizagem.

Quando estamos no modo focado, prestamos bastante atenção.

Modo difuso

Se aquilo é o modo focado, o que é o modo difuso?

No modo difuso sua mente está relaxada e desocupada, sem pensar em nada em particular. Quando sonhamos acordados ou desenhamos para nos distrair, estamos no modo difuso. Quando seu professor pede para você se concentrar, é porque provavelmente você entrou no modo difuso.

---

* Se você estiver se perguntando o que esse pequenino número "1" está fazendo no final da frase, logo após do símbolo de nota de rodapé, saiba que ele indica que há uma nota no final do livro com ainda mais informações, geralmente sobre estudos relacionados ao tema. Se estiver interessado, dê uma olhada na primeira nota do final do livro para entender a finalidade dessas notas.

No modo difuso, não pensamos em nada em particular.

Quando estamos no modo difuso, usamos suavemente outras partes do cérebro que, em grande parte, são diferentes das que usamos no modo focado. O modo difuso nos ajuda a fazer conexões criativas entre as ideias. A criatividade muitas vezes aparece quando o modo difuso está sendo utilizado.

Acontece que seu cérebro precisa alternar entre o modo difuso e o focado para conseguir aprender de forma efetiva.

Vamos jogar pinball

Para entender melhor os modos difuso e focado, vamos pensar no jogo chamado pinball. É muito fácil jogar, basta puxar uma alavanca, que vai jogar uma bola pelo cenário da mesa. Você marca pontos quando a bola quica nos pinos de borracha. Enquanto isso há luzes piscando e sons barulhentos. Para manter a bola quicando o máximo possível, usamos os botões da parte inferior da máquina.

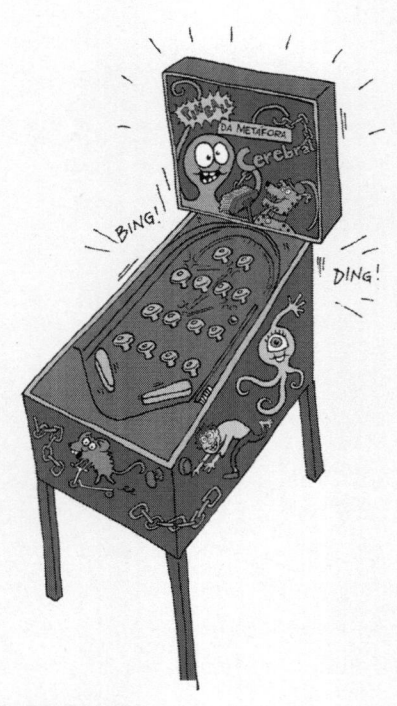

Uma máquina de pinball. Há videogames inspirados no pinball. É divertido jogar até hoje!

Pinball é parecido com seu cérebro. Os pinos podem estar mais próximos ou mais distantes, dependendo da máquina. Quando os pinos são próximos uns dos outros, são como o seu cérebro no modo focado. A bola quica rapidamente em uma área pequena antes de perder força e cair.

Imagine que sua bola de pinball mental deixe uma trilha por onde passa. Esse é o seu cérebro no modo focado; você forma trilhas no cérebro quando está focado. Essa trilha é formada quando você aprende alguma coisa pela primeira vez e começa a praticá-la. Por exemplo, digamos que você já saiba multiplicar. Se eu pedir que você resolva um problema de multiplicação, seus pensamentos andarão pela mesma "trilha da multiplicação" que já estava marcada em seu cérebro. Para entender isso, veja as figuras abaixo.

Focado   Difuso

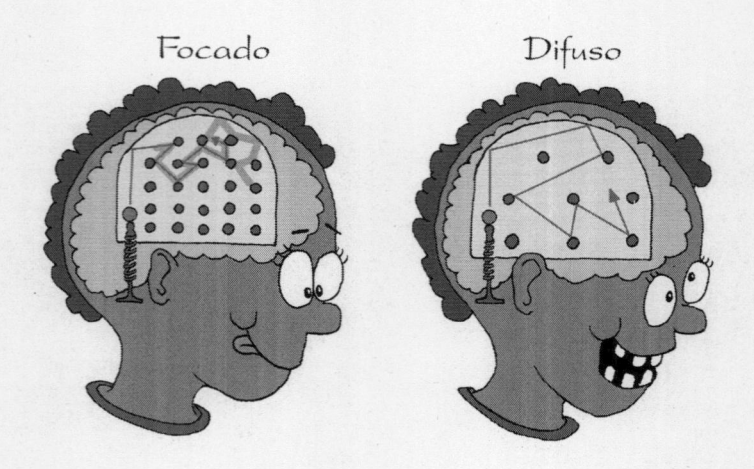

À esquerda está uma versão pinball do cérebro em modo focado. Dá pra perceber como os pinos estão próximos uns dos outros? A bola se move por um padrão restrito. Seus pensamentos não conseguem ir muito longe! A bola segue um padrão que já está pronto porque você já pensou aquilo antes. À direita está uma versão pinball do cérebro em modo difuso. Veja como os pensamentos podem percorrer seu cérebro amplamente!

O modo difuso é diferente. Nesse modo, os pinos da máquina são bem mais afastados. A bola-pensamento circula espaçosamente pela mesa, batendo em menos pinos.

Nosso cérebro atua de acordo com *os dois* tipos de máquina de pinball. Quando queremos pensar livremente sobre o panorama geral em vez de focar nos detalhes, temos que mudar do modo focado para o modo difuso. Precisamos de duas máquinas (mas perceba que o cérebro só pode estar em um modo de cada vez. O zumbi não consegue jogar em duas máquinas ao mesmo tempo!).

Aqui vai um jeito divertido de perceber a diferença entre os dois modos:

Modo focado: olho no prêmio!

Modo difuso: olho nas moscas![2]

Alternando entre os modos focado e difuso

Se é tão importante alternar entre os modos, como fazemos isso?

Bem, focar em algo é fácil. Assim que voltamos nossa atenção para aquilo, o modo focado é ativado. Sua bola-pensamento começa a percorrer aquela mesa. Infelizmente, é difícil manter a atenção em alguma coisa por muito tempo. É por isso que às vezes caímos no modo difuso e começamos a sonhar acordados.

Como é possível verificar na figura abaixo, ao soltar o botão sua bola-pensamento cai na sua máquina difusa, que fica embaixo de sua máquina focada.

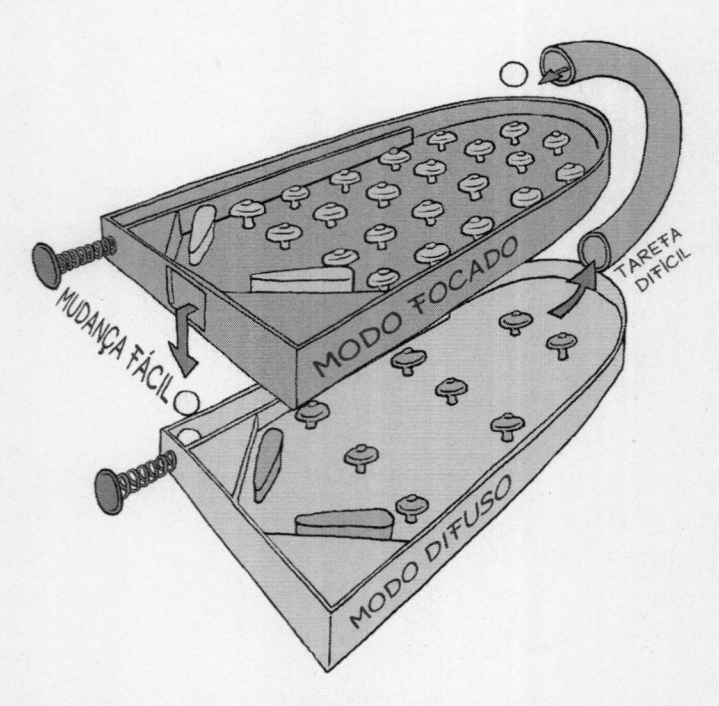

Sua mente permanece no modo focado desde que você continue apertando os botões. Se você soltar os botões sua mente fica solta! A bola cai na máquina difusa.

O modo difuso ocorre quando você não está focando em nada em particular. É possível entrar no modo difuso apenas relaxando, sem se concentrar em nada. Caminhar ajuda. Ou olhar pela janela do ônibus, tomar um banho ou dormir (muitas pessoas famosas tiveram ideias incríveis enquanto os acontecimentos do dia voltaram à sua mente durante o sono[3.])

Focar em outra coisa também pode ativar o modo difuso temporariamente. Quando focamos em acariciar nosso cachorro, não estamos focados no problema de matemática. Quando focamos na partida de xadrez de outra pessoa, não estamos focando na nossa. É por isso que, quando você está empacado em um problema de matemática, o melhor a fazer é mudar o foco e estudar um pouco de geografia. Assim você conseguirá avançar quando voltar à matemática. Mas as melhores maneiras de fazer seu modo difuso trabalhar em um problema difícil são dormindo, fazendo exercícios ou dando uma volta de carro ou de ônibus.

Crianças com TDAH* podem imaginar suas máquinas de pinball com alguns "buracos" a mais. Esses buracos oferecem uma vantagem secreta: eles aumentam a criatividade! Se você tem TDAH, os "buracos extras" fazem com que você precise utilizar seus botões mentais com mais frequência do que outras crianças para manter sua bola-pensamento na máquina do modo focado.

E como utilizar mais os botões? Participando o máximo que puder, fazendo perguntas, escrevendo, distribuindo as atividades entre os colegas e trabalhando com eles sempre que houver uma atividade em grupo.

---

* TDAH é uma sigla que significa Transtorno do Déficit de Atenção com Hiperatividade. De forma simplificada, designa pessoas com dificuldade em prestar atenção e controlar impulsos. Todas as crianças têm esse tipo de dificuldade em algum grau, mas as com TDAH são mais perceptíveis do que o normal.

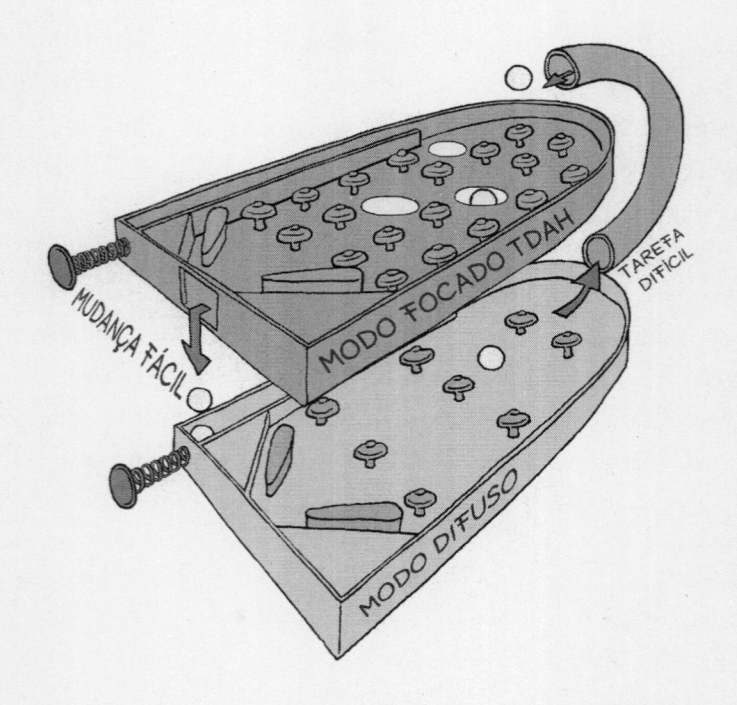

O modo focado de crianças com dificuldades de atenção tem alguns buracos a mais. Por isso elas podem precisar apertar seus botões mentais com mais força para manter a bola no modo focado quando esta for cair. Mas elas também podem ser naturalmente muito criativas. Uma bela compensação!

Agora tente! Alternando os modos

Agora veremos um exemplo para ajudá-lo a perceber a mudança do modo focado para o modo difuso.

Use as mesmas moedas da figura a seguir para fazer um novo triângulo que aponte para baixo. Você só pode mover três moedas (tente fazer isso com moedas de verdade para ver se consegue resolver).

Dica: Quando você relaxa sua mente e não pensa em nada específico, a solução aparece com mais facilidade.

Algumas crianças resolvem esse exercício de imediato, enquanto alguns professores simplesmente desistem porque estão focados demais.

A solução para esse desafio está na seção "Notas", no final do livro.[4]

Empacando

Há duas situações em que empacamos ao tentar resolver um problema de matemática ou de ciências, ou ainda quando estamos tentando aprender algo novo, como um acorde de violão ou uma jogada no futebol. A primeira situação é quando não entendemos a explicação inicial. Infelizmente, nesse tipo de "empacamento", entrar em modo difuso não será muito útil, porque não "carregamos" coisa alguma em nosso modo focado. A melhor saída será voltar e ver os exemplos e explicações em anotações ou livros, pedir ao professor que explique novamente ou até procurar uma explicação adicional no YouTube (mas não se distraia com outros vídeos).

A segunda situação em que ficamos empacados é quando estudamos e focamos atentamente, carregando a explicação em nosso modo focado, mas ao colocar em prática, resolvendo algum exercício, tocando o acorde ou executando a jogada, percebemos que estamos empacados. Você fica cada vez mais frustrado. *Por que não consigo?*

É comum ficar frustrado com os estudos.

Ficamos empacados porque não damos ao nosso modo difuso uma chance de ajudar! O modo difuso não começa a trabalhar enquanto você não desvia sua atenção daquilo em que está focado. Como fez Magnus Carlsen, o jogador de xadrez do qual falamos anteriormente, às vezes é preciso dar uma pausa para que o modo difuso de seu cérebro possa trabalhar. Tire sua mente da situação por um momento e assim terá acesso ao modo difuso.

Outra maneira é focar em algo diferente. Por exemplo, se estiver estudando álgebra, mude para geografia. Mas lembre-se de que, às vezes, seu cérebro precisa de um descanso.

Se você sempre fica empacado em uma matéria, comece por ela quando for estudar. Assim, consegue alternar com as outras tarefas ao longo do dia. Não deixe o que for mais difícil para o final, pois você já estará cansado e sem tempo para a aprendizagem difusa.

Quando está no modo difuso, seu cérebro fica trabalhando calmamente na retaguarda, embora você nem perceba. A bola-pensamento passeia pela máquina do modo difuso e pode quicar nas ideias que você precisa para resolver o problema.

Quanto tempo de pausa devemos fazer? Depende de você e de quanto conteúdo precisa estudar no dia. Cinco ou dez minutos é um tempo bom. Tente não fazer pausas muito longas para que tenha tempo de relaxar depois que terminar!

Dica importante: Não tire conclusões precipitadas sobre a eficácia de novas estratégias de aprendizagem

Não diga que alternar entre modo focado e difuso não funciona para você caso só tenha tentado uma vez. É comum termos que alternar várias vezes entre os modos para conseguir entender alguma coisa. É preciso realmente focar no conteúdo antes de fazer uma pausa.

Por quanto tempo devemos ficar focados? Como regra geral, se você ficar empacado após dez ou quinze minutos (ou de três a cinco se for mais novo), talvez seja hora de fazer uma pausa. Quando fizer uma pausa, certifique-se de que ela seja longa o bastante para que o conteúdo saia por completo de sua mente.* Vale a pena manter e testar essa estratégia.

Alternar entre os modos focado e difuso ajudará você a dominar praticamente qualquer coisa, seja geometria, álgebra, psicologia, basquete, violão, química ou qualquer assunto ou atividade de seu interesse.

---

* O tempo necessário depende de vários fatores. Por exemplo, digamos que de repente você tenha que se levantar e fazer uma apresentação de dez minutos na frente da turma (surpresa!). A agitação e o foco total repentino na apresentação fazem com que sua mente se desligue completamente daquilo em que estava trabalhando antes. Quando retornar, mesmo que tenha se ausentado por apenas dez ou quinze minutos, estará com a mente renovada para o assunto no qual estava empacado. Algumas vezes, porém, até muitas horas não são suficientes para desligar a mente. Nesse caso, uma boa noite de sono pode operar milagres.

Utilize estas ferramentas do modo difuso como recompensa após trabalhar no modo focado

Ativadores comuns do modo difuso

- Praticar um esporte, como futebol ou basquete
- Correr, caminhar ou nadar
- Dançar
- Dar uma volta de carro ou de ônibus
- Andar de bicicleta
- Desenhar ou pintar
- Tomar banho
- Ouvir música instrumental
- Tocar um instrumento (músicas que você já saiba tocar)
- Meditar ou orar
- Dormir (o modo difuso por excelência!)

Os ativadores do modo difuso abaixo são mais bem aproveitados quando usados brevemente como recompensas. Estas atividades favorecem um modo um pouco mais focado do que as anteriores. É bom usar um cronômetro para evitar gastar muito tempo com elas.

- Jogar videogame
- Conversar com amigos
- Ajudar alguém a resolver uma tarefa simples
- Ler um livro
- Mandar uma mensagem para um amigo
- Ir ao cinema (se houver tempo para isso!)
- Assistir à TV

Modos focado e difuso. O cérebro trabalha em dois modos: focado e difuso. Podemos pensar neles como duas máquinas de pinball: uma com pinos bem próximos uns dos outros e outra com pinos bem distantes entre si. Precisamos alternar entre esses dois modos para aprender bem.

Alternando os modos. Mudamos para o modo focado quando nos concentramos. Aperte os botões da máquina de pinball! Mas você tem que soltar o botão e esperar a bola cair sozinha para entrar no modo difuso. Dormir, tomar banho, andar de ônibus ou caminhar são ótimas maneiras de entrar no modo difuso.

Para resolver problemas, concentre-se primeiro. Ficamos empacados ao tentar resolver um problema quando não preparamos o cérebro para isso focando no básico. Não se esforce para solucionar algo sem estudar o conteúdo primeiro. É preciso formar algumas trilhas na máquina de pinball do modo focado.

Faça pausas para obter novas perspectivas de soluções. Também podemos ficar empacados em um problema difícil mesmo quando nos preparamos adequadamente. Nessa situação, faça como Magnus, o jogador de xadrez. Desvie a atenção por um momento e veja o que está acontecendo a sua volta. Faça uma pausa. Mas volte ao jogo, ou perderá com certeza!

Nós escolhemos entrar no modo focado. O modo difuso é mais difícil de adentrar — dormir, tomar banho, andar de ônibus ou caminhar são ótimas maneiras de alcançar esse estado mental mais relaxado.

Confirme seu entendimento

Responda as perguntas a seguir e veja se as ideias deste capítulo penetraram em seu cérebro. Quando tiver terminado, compare suas respostas com as que estão no final do livro.

Você pode querer pular estas perguntas, mas se fizer isso, vai acabar perdendo as vantagens deste livro.

1. O que significa estar no modo focado?
2. O que é o modo difuso? Quais são suas atividades difusas preferidas?
3. Como uma máquina de pinball (ou duas) nos ajuda a compreender o funcionamento do nosso cérebro?
4. Que outra metáfora podemos usar para os modos focado e difuso?
5. Quais são as duas situações em que podemos ficar empacados ao resolver um problema de matemática ou de ciências?
6. Que habito de estudo você mudaria após a leitura deste capítulo?

Você passeou pelas figuras
do próximo capítulo? Tentou
responder as perguntas do final?
Está com um caderno em mãos?
(Marque este quadrado
quando estiver pronto!) ☐

CAPÍTULO 3

EU FAÇO DEPOIS, JURO!

Usando um tomate para não
deixar tudo para depois

Nos anos de 1800, os assassinos adoravam utilizar uma substância química chamada arsênico. O arsênico envenenava e matava a vítima em um dia. Dolorosamente.

Em 1875, dois homens comeram arsênico na frente de uma plateia. Para a surpresa de todos, eles voltaram no dia seguinte, vivos e saudáveis. Como isso era possível? Como algo tão perigoso pode aparentar não causar mal algum?

Era um mistério.

Contaremos depois o desfecho da história dos comedores de arsênico, mas... spoiler: não acabou bem para eles.

Arsênico nos faz mal, mas tomate faz bem, certo? Tem muitos nutrientes. Vou mostrar como até mesmo um tomate de plástico pode ser bom para você. Pode te ajudar a aprender melhor. Parece maluquice? Confie em mim! Mas não coma tomates de plástico. O truque não é esse.

Deixar as coisas para depois pode ser um problema

Quero falar com você sobre procrastinação. **Procrastinação significa deixar as coisas para depois.** Isso é um problema para muitos adolescentes (e adultos!) e atrapalha a aprendizagem. Procrastinar é natural. Por que você deveria fazer algo que não tem vontade de fazer? Principalmente quando sabe que é algo difícil. Por que estudar segunda-feira se a prova é só na sexta? Afinal, pode acabar esquecendo tudo até lá, certo?

O problema de procrastinar é que normalmente o tempo se esgota. Como você aprenderá adiante, tempo e treino trabalham juntos para ajudá-lo a cimentar as ideias em seu cérebro. Se o tempo está esgotado, você não consegue criar novas estruturas e ainda perde energia preocupando-se com isso. Só temos prejuízos nessa situação. A procrastinação é inimiga da aprendizagem de qualidade. Mas muitos estudantes ainda fazem isso. Vou mostrar como derrotá-la.

A boa notícia é que seus zumbis internos te ajudam a aprender. Não se assuste. Não estou dizendo que você tem zumbis de verdade em seu crânio, isso seria nojento. Mas tente imaginar um exército de minúsculos zumbis lá dentro, trabalhando por você. Seja amigo deles.

Espere, precisamos de uma máquina de pinball, um punhado de amigos zumbis e um tomate de plástico? Quem diria? Confie em mim... sou professora universitária!

Distração e procrastinação

Procrastinação é um grande problema. Temos muitas distrações. Eu sempre penso "antes de começar a lição de casa de matemática, vou jogar videogame". Quando percebo, já se passou uma hora. Preciso encontrar um jeito de me concentrar na tarefa. Não deveria esperar até o último minuto para fazer as coisas.

— Estudante falando sobre matemática

Procrastinação e dor

Você resmunga quando seus pais lhe pedem para arrumar o quarto, praticar um instrumento ou começar a lição de casa? Isso acontece porque quando pensamos em abrir um livro ou em varrer o chão sentimos dor de verdade — os pesquisadores conseguem ver uma área do cérebro responsável pela dor, o córtex insular, começar a piscar nesses momentos. Para seu cérebro, pensar em arrumar o quarto é como o princípio de uma dor de estômago. Mas o interessante é que assim que você começa a fazer o que não queria, a dor vai embora em cerca de vinte minutos. O córtex insular se acalma quando você começa a tarefa que estava evitando. Ele fica feliz por você finalmente estar cumprindo seu dever.

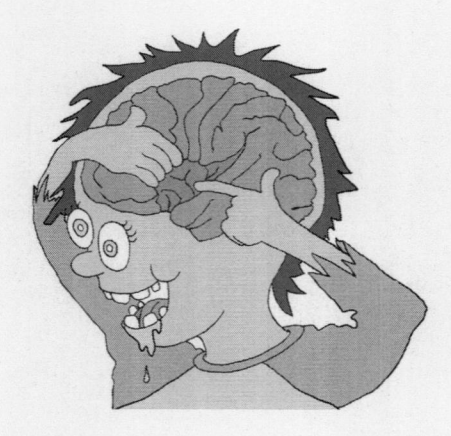

Quando pensamos em algo de que não gostamos, um centro de dor do cérebro chamado córtex insular é ativado. Isso pode levar à procrastinação. (O zumbi simpático aqui está mostrando onde fica o córtex insular).

Assim, minha primeira dica para ser um bom aprendiz é esta: apenas comece. Não deixe para depois.

Você deve estar pensando que é fácil falar, sendo professora. Como vou conseguir mudar meus hábitos? Já estou acostumado com eles.

A resposta é... um tomate!

A técnica pomodoro

Você deve estar se perguntando: ficou doida? Como um tomate vai me ajudar?

Nos anos 1980, Francesco Cirillo inventou uma maneira de ajudar os procrastinadores. Ela se chama técnica pomodoro.

"Pomodoro" significa "tomate" em italiano. Francesco desenvolveu um cronômetro em formato de tomate, como o da figura abaixo. A técnica é simples e funciona (Terry e eu sabemos porque ela é uma das técnicas mais populares do nosso curso on-line "Aprendendo a aprender").

Um cronômetro pomodoro.

Primeiro você precisa de um cronômetro. Esse em formato de tomate é ótimo, mas qualquer cronômetro serve. Eu tenho um digital no meu computador. Também há aplicativos para smartphones e tablets.

A técnica funciona assim:

1. **Desligue todas as distrações** — seu telefone, a televisão, música, seu irmão. Qualquer coisa que atrapalhe sua capacidade de estar focado. Encontre um lugar silencioso, onde você não será interrompido. Se for possível, adquira fones bloqueadores de ruídos ou opções mais baratas porém eficazes, como protetores auriculares e tampões de ouvido.
2. Ajuste o cronômetro para **25 minutos.***
3. Comece a trabalhar e fique **focado** na tarefa o máximo que puder. Vinte e cinco minutos não é muito tempo. Você consegue!
4. Agora vem a melhor parte. Após 25 minutos, dê uma **recompensa** a si mesmo.

---

* Se você tem de dez a doze anos, pode começar com pomodoros de duração entre dez e quinze minutos.

Assista a um videoclipe ou ouça sua música preferida (pode dançar também!). Faça carinho no seu cachorro ou converse com seus amigos por cinco ou dez minutos. A recompensa é a parte mais importante de todo o processo pomodoro. Quando queremos muito uma recompensa, o cérebro nos ajuda a manter o foco.

Quando terminar seu pomodoro, dê uma recompensa a si mesmo!

Chamaremos todo esse processo, incluindo a recompensa, de "fazer um pomodoro".

Quando "fizer um pomodoro", não pense em terminar a tarefa. Não pense "vou terminar toda a minha tarefa neste pomodoro". Talvez você termine, mas não se preocupe se não conseguir. Apenas se esforce ao máximo por 25 minutos. Quando o tempo acabar, faça uma pausa e mergulhe em seu modo difuso com a recompensa.

Talvez você precise fazer outro pomodoro mais tarde, mas tudo bem. Você está fazendo a coisa certa porque está se dedicando à tarefa. Não se preocupe com a quantidade. Você vai terminar. Mas garanta que haja tempo suficiente. Não deixe para a última hora.

Quando eu faço um pomodoro, meus pensamentos às vezes se dispersam. Isso é perfeitamente normal. Assim que eu percebo que estou divagando, simplesmente volto a me concentrar na tarefa. Afinal de contas, são apenas 25 minutos. Qualquer um consegue estudar por 25 minutos. Se percebo que estou pensando em outras coisas que quero fazer, ou websites que quero ver, anoto para não esquecer e continuo com o pomodoro.

Tenho que admitir que quando eu *quero* continuar estudando depois que o cronômetro apita, eu continuo. Deixar fluir é bom, quando queremos realmente fazer a tarefa. Mas quando eu paro, sempre me recompenso. *É hora do modo difuso!* Se eu estava escrevendo (como no caso deste livro), ouço uma das minhas músicas favoritas. Ou levanto e tomo uma xícara de chá enquanto olho pela janela. Não escrevo durante a pausa. Assim, a parte "escritora" do meu cérebro consegue descansar.

Fazer algo no intervalo que seja bem diferente daquilo em que estávamos focando é uma ótima ideia. Precisamos dar um descanso à área do cérebro que estava trabalhando. Se você estava sentado estudando, a melhor coisa é mexer o corpo durante a pausa.

Algumas pessoas gostam de cronômetros que fazem um som de tique-taque. Esse som faz lembrar que o tempo está passando e elas estão perto de ganhar a recompensa. O tique-taque faz com que permaneçam focadas.

Quantos pomodoros devemos fazer durante o dia? Isso depende de você. Se você é bem automotivado e só precisa de um empurrãozinho para começar, tente fazer apenas um ou dois pomodoros por dia, quando for necessário. Há quem controle a quantidade de pomodoros por dia — muitos usam aplicativos que colecionam os pomodoros, como medalhas. Dê uma olhada nos aplicativos e encontre um que você goste (conhecemos um bem famoso que se chama "Forest").

A propósito, não mude de tarefa enquanto estiver fazendo seu pomodoro. Escolha uma tarefa e trabalhe nela até o final (é claro que se você *terminar* a tarefa durante o pomodoro pode começar outra). Alguns estudantes pensam que conseguem fazer várias tarefas ao mesmo tempo, ou alternar entre elas. Isso se chama multitarefa. Mas essa ideia é um erro. Só conseguimos focar em uma coisa por vez. Quando mudamos o foco de atenção, perdemos energia mental e nosso desempenho é pior. É como se em uma máquina de pinball duas bolas fossem liberadas de uma vez, e tivéssemos que tentar jogar insanamente com elas. Vamos acabar falhando e as duas vão cair.

Dica de aprendizagem: Cronometre suas pausas — e aprenda a deixar sua procrastinação para depois!

Assim como o cronômetro pomodoro é útil para seus estudos, é útil também para seu descanso. Marque cinco, dez ou quantos minutos forem suficientes para o intervalo. Lembre-se: fazer uma pausa é importante para que seu modo difuso possa ajudá-lo a aprender!

Para alguns, é preciso treinar para se acostumar a voltar à tarefa depois que a pausa termina. Um cronômetro que tenha um alarme alto e diferente pode ajudar.

Às vezes é difícil parar de procrastinar. Se for o seu caso, um bom truque mental é dizer a si mesmo que vai procrastinar dez minutos depois. Enquanto isso, durante esses dez minutos, faça uma lista de coisas que você planeja fazer. Isso permitirá que seu modo difuso comece a pensar em suas tarefas e em formas de cumpri-las.

Bons zumbis e maus zumbis

Isso nos leva de volta aos zumbis. Eles têm má reputação, são vistos como monstros assustadores controlados por alguma outra coisa ou alguém.

Mas os zumbis em nosso livro são os nossos hábitos. Existem hábitos-zumbis bons, neutros e maus (os maus zumbis não são exatamente maus, só não nos ajudam muito). O que todos esses zumbis têm em comum? Eles trabalham de forma automática para atingir seu objetivo (o que geralmente envolve comer cérebros). Nada os distrai. Eles nunca desistem. Agem como se estivessem no piloto automático.

Nossos hábitos são como zumbis — podem ser bons ou maus.

Todos temos modos zumbi, o que felizmente não envolve comer substâncias esquisitas, ao contrário dos zumbis de verdade. Fazemos coisas automaticamente porque já as fizemos muitas vezes antes. Quais são seus hábitos-zumbi? Tirar seus sapatos quando chega da escola? Se jogar no sofá para ver TV? Ou pegar o celular assim que ele vibra? Sem pensar. Sem conversa. Esse é você em seu modo zumbi.

Imagine ficar focado em seus estudos como um zumbi dedicado durante o período em que você tem que estudar. Praticar a técnica pomodoro vai ajudá-lo a fazer isso. Mas você tem que derrotar seus maus hábitos-zumbi no caminho.

Estudar e mandar mensagens ao mesmo tempo é um mau hábito. É o seu mau zumbi chamado "estudar enquanto conversa". Para derrotá-lo, você pode treinar um zumbi útil: acostume-se a desligar o celular, colocá-lo no modo silencioso ou deixá-lo em outro cômodo. O novo zumbi bom fará com que você vença o zumbi mau!

Se seu irmão interromper você, treine seu zumbi útil a dizer a seu irmão "estou fazendo um pomodoro". Peça a seu irmão que fique distante até que você termine. Se você sabe que sentirá fome, coma *antes* de começar o pomodoro. Em vez de começar uma leitura desatenta de um novo capítulo do livro, caminhe pelas figuras primeiro e faça anotações no papel que seu modo zumbi bom cuidadosamente colocou ao seu lado. Substitua seus maus hábitos-zumbi por outros que farão bem a você.

Voltando aos comedores de arsênico

Lembra-se dos comedores de arsênico? Como eles comeram arsênicos e não morreram em seguida? E o que comer veneno tem a ver com algo aparentemente inofensivo como deixar as coisas para depois — procrastinação?

Os comedores de arsênico comiam um pouquinho de veneno por dia e foram ganhando imunidade. Eles achavam que estavam bem porque não se sentiam mal.

Não percebiam, mas estavam envenenando-se aos poucos.

Um pouquinho de arsênico não mata na hora, mas é muito prejudicial à saúde. Ao longo do tempo causa sérios danos aos seus órgãos internos como câncer e outras doenças. Não coma arsênico!

O que isso tem a ver com procrastinação?

Deixar seus estudos um pouquinho para depois não parece prejudicial. Ou passar "mais alguns minutinhos" nas redes sociais. Mas quando você se acostuma a procrastinar, fica mais difícil aprender porque haverá menos tempo quando decidir estudar. Você ficará estressado, perderá prazos e não aprenderá direito. Pode ficar para trás mesmo. Tudo isso faz de você um estudante menos eficiente.

Lembre-se, você é capaz de construir um exército de ajudantes zumbis que trabalharão por você, se tornar curtos períodos de concentração um hábito. Então aprenda a amar o tomate de plástico! Ou o aplicativo pomodoro do seu celular.

Agora tente! Planejamento prévio para evitar distrações

Anote as coisas que te distraem das suas tarefas. Para cada uma, pense em um novo hábito a desenvolver (se estiver lendo em um dispositivo eletrônico, faça uma tabela em um papel). Abaixo está um exemplo para ajudá-lo a começar. Se for criança, peça ajuda a um adulto.

DISTRAÇÃO: Mau Zumbi	SOLUÇÃO: Bom Zumbi
Meu telefone vibra e eu paro de estudar.	*Deixar o telefone na mesa da cozinha quando estiver fazendo o pomodoro.*

Agora tente! Aumente seu poder de leitura recordando ativamente

Queremos mostrar agora uma prévia de uma técnica de aprendizagem importante que vai ajudá-lo nos próximos capítulos. O nome dessa técnica é *recordar ativamente* e significa trazer uma ideia de volta à mente. *Recordar ativamente* ideias-chave que estamos aprendendo mostrou-se um jeito ótimo de compreendê-las.[1]

Você provavelmente já percebeu que estamos te ensinando como evitar a procrastinação para que sobre mais tempo para técnicas importantes como recordar ativamente.

Funciona assim: antes de começar a ler um capítulo de um livro, caminhe pelas figuras (falamos sobre isso no final do primeiro capítulo).

Depois comece a ler. Não tenha pressa. Leia o parágrafo novamente se não entendeu ou se sua atenção dispersou (é perfeitamente normal que nossa atenção disperse; isso não significa ser menos inteligente). Anote na margem ou em um pedaço de papel algumas palavras sobre uma ideia que você ache importante. Se achar necessário, sublinhe uma ou duas palavras-chave, mas não muitas.

Esta é a parte principal. Tire os olhos do livro e veja o que consegue recordar. Quais são as ideias-chave da página? Repita-as em sua mente ou em voz alta. Não releia simplesmente várias vezes. E não sublinhe ou destaque várias partes do texto.

Resgatar a ideia-chave de sua própria mente, em vez de apenas ler ou relê-la no livro, é a ideia central por trás da técnica de recordar ativamente. Você não precisa usar a técnica em todas as páginas do livro. Mas se tentar fazer com algumas das principais, ficará surpreso com o resultado.

Pesquisas demonstraram que recordar ativamente durante os estudos garante resultados melhores nas provas. Ao recordar o que está estudando, você terá um desempenho melhor mesmo sob estresse.[2] A técnica não apenas coloca informação na memória, como constrói o entendimento.[3]

Os três passos-chave da leitura poderosa
1. Passear pelas figuras
2. Ler com atenção
3. Recordar ativamente

Você também pode usar a técnica como ferramenta geral de aprendizagem. Por exemplo, feche este livro e veja quantas ideias-chave você consegue lembrar. Quando tiver feito o máximo possível, abra o livro novamente e compare o resultado!

Recorde a informação em horários e lugares diferentes. Use a técnica enquanto espera por um amigo, quando estiver no ônibus ou antes de dormir. Há duas razões importantes para isso. A primeira é que quando não temos as anotações à mão temos que recordar de verdade, sem olhar o papel. A segunda é que estamos fora do nosso ambiente de estudo usual. Como veremos adiante, aprender em lugares diferentes pode fixar melhor a informação em nossa mente.

Quando estava no ensino médio, eu caminhava até a casa da minha avó para almoçar. Enquanto caminhava, eu tentava recordar as ideias-chave que havia acabado de aprender na aula, como se estivesse assistindo a um filme novamente. Essa técnica me ajudou muito a me destacar nos estudos.

— Zhaojing "Eileen" Li, formada pela Tsinghua University — a melhor universidade da China

- Todos temos hábitos. São nossos zumbis internos. Coisas que fazemos sem pensar.
- **Nossos hábitos-zumbi podem ou não ser úteis.** Alguns nos economizam tempo. Mas é comum desenvolvermos o hábito de deixar as coisas para depois — procrastinação. Isso é muito ruim para a aprendizagem efetiva porque ficamos sem tempo suficiente para focar ou absorver o conteúdo que aprendemos.
- Felizmente podemos mudar nossos hábitos de forma permanente. **A técnica pomodoro é um jeito ótimo de ajudar a manter o foco.** Faça dela um hábito. Desligue todas as distrações e marque 25 minutos de trabalho em um cronômetro. Fácil. Em seguida faça uma pausa e recompense a si mesmo. Faça algo "difuso".
- **Quando deixamos algo para depois, nosso cérebro sente dor.** O sofrimento passa assim que começamos a tarefa.
- **Recordar ativamente é uma técnica poderosa de aprendizagem.** Recupere ideias-chave de sua própria mente para revisá-las. Não se engane: quando você apenas lê suas anotações, a informação não entra em sua cabeça.

CONFIRME SEU ENTENDIMENTO

Para ter certeza de que você entendeu este capítulo, responda as perguntas a seguir. Fale as respostas em voz alta, escreva ou tente *ensinar* alguém explicando o que você aprendeu.

Quando tiver terminado, compare suas respostas com as que estão no final do livro.

1. O que é procrastinação?
2. Por que a procrastinação é ruim para a aprendizagem?
3. O que acontece em seu cérebro quando você pensa em algo que não gosta ou não quer fazer?
4. Como você explicaria a técnica pomodoro a alguém que nunca ouviu falar dela?
5. Qual é a parte mais importante de todo o método pomodoro?
6. O que deveríamos fazer durante as pausas entre os pomodoros?
7. Devemos planejar terminar uma tarefa durante um pomodoro? Justifique sua resposta?
8. Quando é bom entrar no modo zumbi?
9. O que o modo zumbi tem a ver com procrastinação?
10. Qual era a lição aprendida com a história dos comedores de arsênico? Como está relacionada à procrastinação?
11. Explique a ideia de *recordar ativamente*.

Você passeou pelas figuras, olhou as perguntas ao final e seu caderno. Está preparado para o próximo capítulo? ☐

CAPÍTULO 4

CORRENTES CEREBRAIS E DIVERSÃO COM ALIENÍGENAS

Santiago era um garoto de onze anos que estava com problemas. Problemas problemas.

Ele estava na cadeia.

Ele sabia que isso iria acontecer. Santiago discutia incessantemente com o pai e brigava com os professores. Foi expulso de várias escolas. Mas dessa vez ele tinha feito um buraco no portão do vizinho com um canhão caseiro!

Ele odiava a escola. Não tinha boa memória, o que tornava difícil para ele aprender da maneira como os professores queriam.* Ele odiava especialmente matemática e não sabia para que ela servia. Gostava de desenhar, mas seu pai pensava que desenhar era inútil.

Santiago não chegaria a lugar algum assim. Mas adivinhe só? Ele acabou ganhando um Prêmio Nobel — isso é como uma medalha de ouro olímpica para a ciência! E se tornou o pai na neurociência moderna. O "garoto-problema" Santiago Ramón y Cajal foi um dos maiores cientistas de todos os tempos.[1] Ele usou suas habilidades em matemática e em artes.

---

* É importante deixar isso claro aqui. Santiago não apenas pensava que sua memória era ruim, ele realmente tinha uma memória ruim, como descreveu em detalhes em sua autobiografia. A memória dele não era tão boa quanto a média e ele tinha dificuldades para aprender. Mas se esse é o seu caso, ainda há muita esperança para você! Falaremos mais sobre isso adiante.

Nós vamos contar como isso aconteceu. Mas, primeiro, vamos aprender um pouco sobre o cérebro. Isso te permitirá compreender uma das descobertas inovadoras de Santiago e também a entender como aprendemos!

Alienígenas espaciais amistosos: Como os neurônios "falam"

Vamos começar com algumas ideias sobre o cérebro.

Seu cérebro tem um monte de neurônios. Bilhões, mais ou menos o mesmo número de estrelas na nossa galáxia, a Via Láctea. Os neurônios são os tijolos do seu cérebro. Eles são pequenos, muito pequenos. Dez neurônios têm somente a largura de um fio de cabelo humano! Mas podem ser compridos, mais compridos que seu braço.

Para entender os neurônios, pense em minúsculos alienígenas espaciais.

Sim, alienígenas. Consegue ver o olho do neurônio-alienígena ali embaixo? Tecnicamente, o olho é chamado de núcleo; há um núcleo em cada célula do corpo. O braço do neurônio-alienígena fica na cabeça, como se fosse um chapéu. As três pernas dele ficam embaixo.

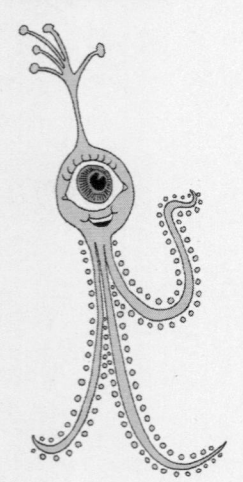

Um neurônio-alienígena — nossa metáfora de um neurônio real.

Neurônios-alienígenas são criaturas bizarras. Têm apenas um olho, um braço e três pernas. Na vida real, os neurônios podem ter mais que três "pernas", muito mais, de vários formatos e tamanhos, com mais variações do que todos os outros tipos de células em seu corpo.

A figura abaixo é bem parecida com o neurônio de verdade. Na parte de baixo estão as "pernas" do neurônio, chamadas *dendritos*. Na parte de cima está o "braço" do neurônio, chamado *axônio**.

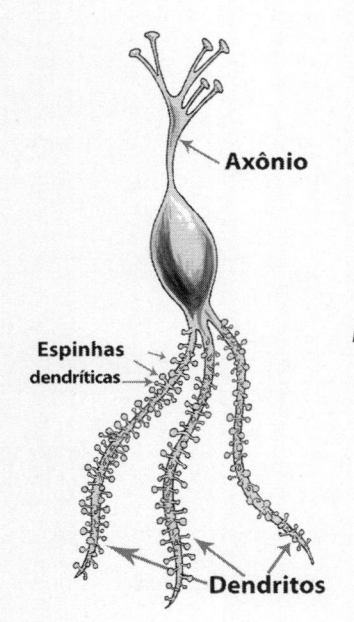

Este é um neurônio bem fofinho.

Observe as espinhas cheias de botões nas "pernas-dendritos" do neurônio. Elas são chamadas *espinhas dendríticas*. Parecem dedos espalhados pelas pernas do alienígena (lembre-se de que um *alienígena* não tem um corpo parecido com o nosso!).

---

* Os "dedos" no final do braço-axônio são chamados terminais. Eles enviam um sinal para outro neurônio, que o recebe por sua espinha dendrítica. Os dois neurônios são separados apenas pela fenda sináptica. O terminal e a espinha dendrítica são como um casal que manda "beijos" um para o outro pela fenda sináptica.

As espinhas dendríticas são minúsculas, mas importantes. Elas aparecerão novamente neste livro em momentos inesperados.

Um ponto-chave aqui: os neurônios mandam sinais para outros neurônios.

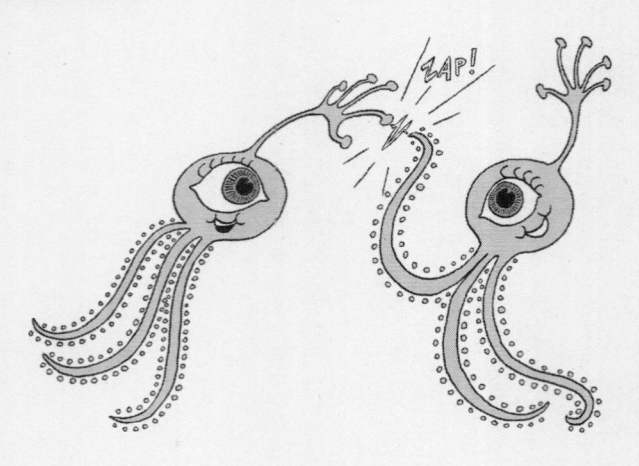

Tudo bem, Rô?

É mais fácil entender isso pensando em nossos alienígenas espaciais. Quando um neurônio-alienígena quer "falar" com o alienígena ao lado, ele estica o braço e dá pequenos choquinhos no dedo do amigo (esses alienígenas demonstram sua amizade dando choquinhos uns nos outros, estranho, eu sei).

É assim também com os neurônios reais. O neurônio lança um sinal através de seu axônio que dá um choque na espinha dendrítica do próximo neurônio.[2] É como o leve choque que sentimos com a eletricidade estática em dias secos. O neurônio manda um choque através de um espaço pequenino e estreito até o outro neurônio. Esse espaço é chamado *sinapse*.

Aí está. Você acaba de entender o processo de como um neurônio manda um sinal! Certo, talvez seja mais complicado do que isso — há um pouco de química envolvida. Mas agora você entende o básico.

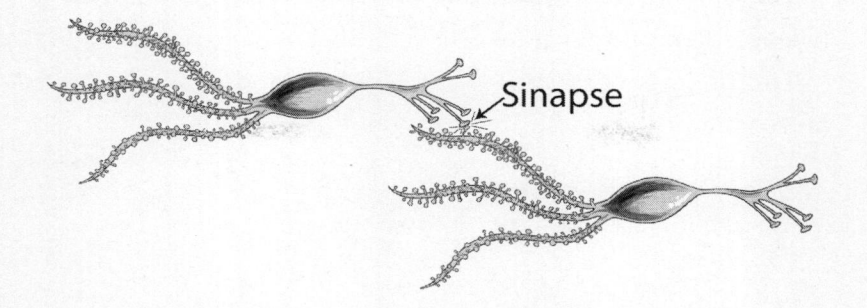

Dois neurônios conectados por uma sinapse.

Observe a sinapse de perto. A "faísca" da sinapse cria um sinal elétrico que flui através do neurônio. Se o sinal alcança o final do axônio, ele causa uma faísca no próximo neurônio. E no próximo, depois no próximo.* *Esse fluxo de sinais é o seu pensamento.* São como trilhas em seu pinball mental.

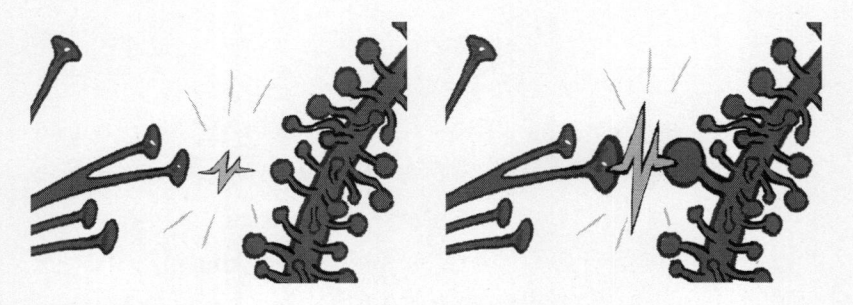

A figura da esquerda é uma pequena sinapse vista de perto. Veja como a "faísca" é pequena. A figura da direita mostra uma sinapse maior que cresceu devido à prática. Está vendo como a faísca é bem maior?

---

* Fizemos as coisas parecerem bem simples aqui. Mas funciona como uma conversa durante um jantar de negócios — pode haver manobras complicadas acontecendo nos bastidores. Um sinal pode inclusive passar de um dendrito pelo corpo celular de um axônio para então seguir para o dendrito do próximo neurônio. Mas a cada etapa o progresso do sinal depende de diversos fatores, como a localização da espinha dendrítica no dendrito e quantos outros sinais chegam no neurônio.

As setas na figura abaixo mostram como um sinal pode fluir pelas sinapses e neurônios.

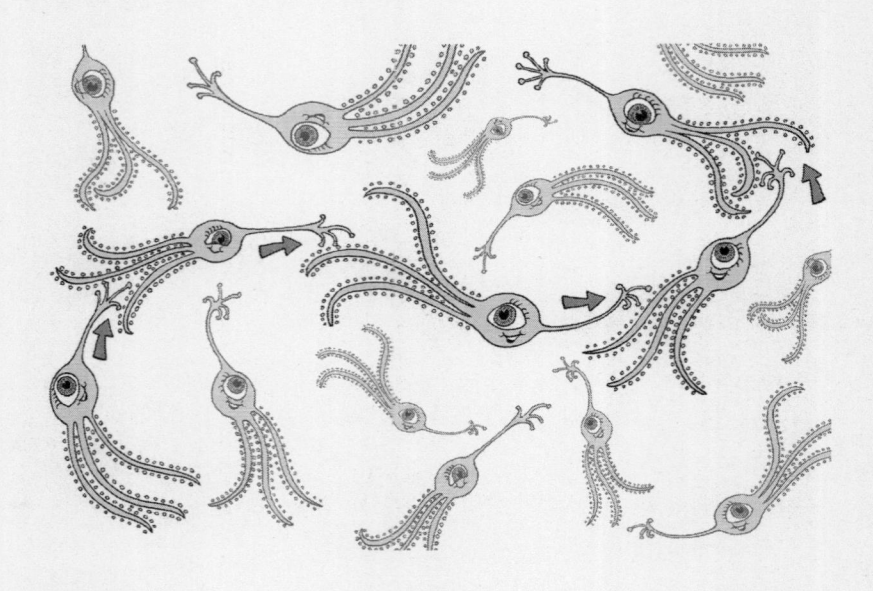

Os sinais fluem pelos neurônios — é o que cria seus pensamentos!

Vamos voltar aos nossos amigos neurônios-alienígenas. Quanto mais um neurônio-alienígena der choque em outro, passando a mensagem para os amigos, mais forte será a conexão entre eles. Os neurônios-alienígenas são como amigos que ficam mais próximos porque conversam bastante.

É assim também com neurônios de verdade. Os pesquisadores costumam dizer: "Neurônios que disparam unidos, permanecem unidos."[3] Permanecer unido significa que está sendo criada uma corrente-cerebral. Aprender significa criar correntes-cerebrais novas ou mais fortes em seu cérebro. Um novo conjunto de correntes-cerebrais![4]

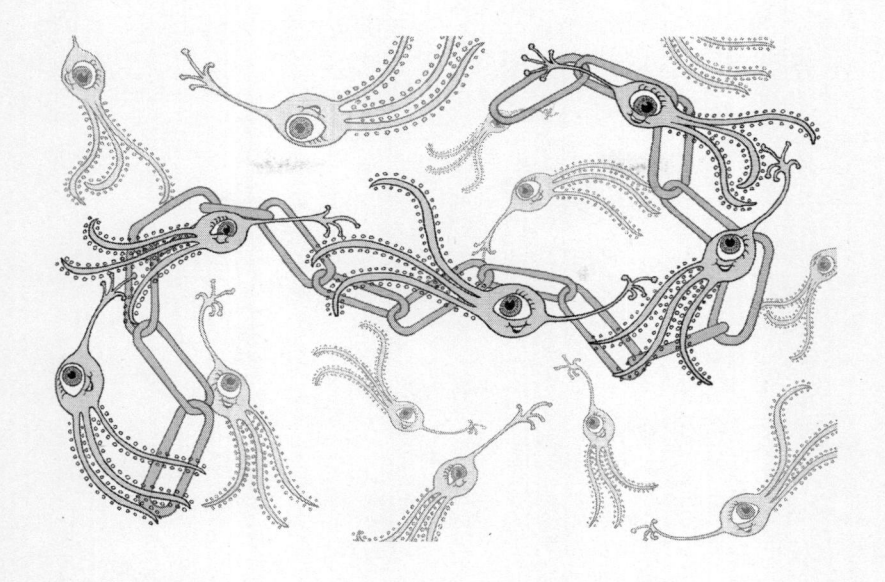

Uma conexão fraca, mas em desenvolvimento, começa a se formar quando você começa a aprender alguma coisa.

Quando você começa a aprender algo novo, as correntes-cerebrais são fracas. Podem haver apenas alguns poucos neurônios conectados. Cada neurônio talvez tenha apenas uma pequena espinha dendrítica e uma pequena sinapse. A faísca entre os neurônios não é muito grande.

Conforme você vai praticando a ideia nova, mais neurônios vão chegando.[5] E as conexões sinápticas entre eles ficam mais fortes. Isso significa que as faíscas ficam maiores. Mais neurônios, sinapses mais fortes — as correntes-cerebrais ficam mais fortes também![6] Correntes-cerebrais mais compridas conseguem guardar ideias mais complexas. O contrário ocorre quando os neurônios não disparam unidos — suas conexões enfraquecem, como dois amigos que não se falam mais.

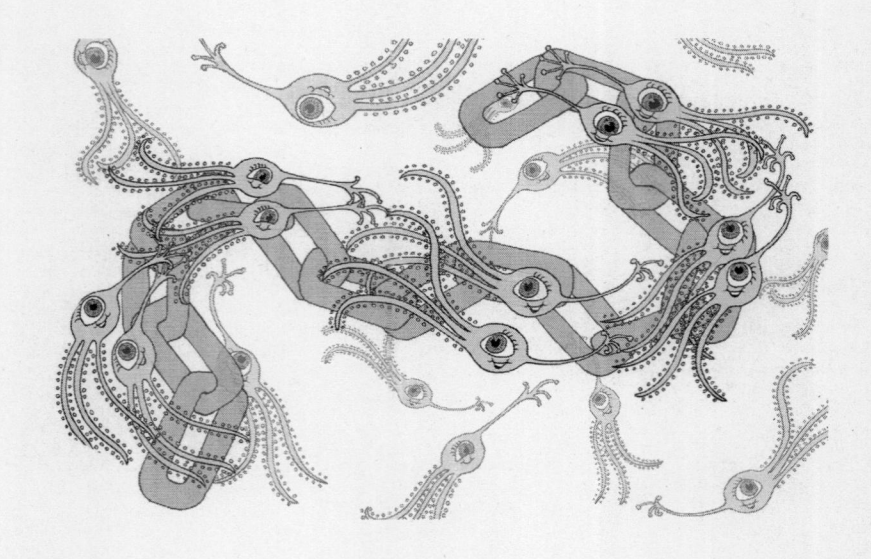

Quanto mais você pratica, mais fortes ficam suas correntes-cerebrais.[7]

Podemos pensar na corrente-cerebral como um rastro deixado por um rato na floresta (o rato é como a bola-pensamento na metáfora do pinball). Quanto mais o rato correr pela trilha, mais demarcada ela fica. Quanto mais larga ela for, mais fácil será vê-la e andar por ela.

Então, qual é a metáfora do rato para o modo difuso? Simples. No modo difuso, o rato-pensamento não corre pela trilha, ele sobe em um pequeno drone e voa até o novo local!

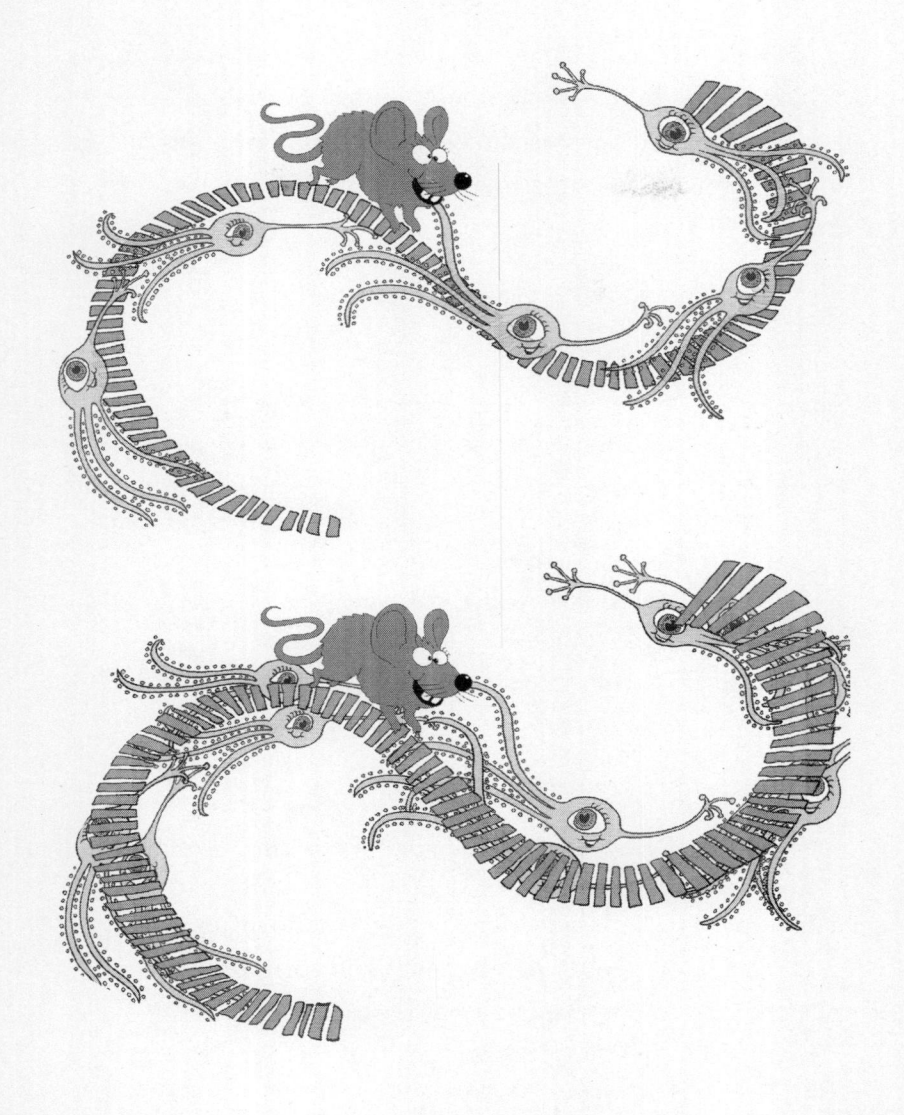

Quanto mais seu rato-pensamento correr por suas trilhas neurais,
mais largas e mais fáceis de percorrer elas ficam.

Não se preocupe em usar acidentalmente todos os seus neurônios enquanto produz correntes-cerebrais maiores e mais largas. Você tem bilhões de neurônios — e todos os dias novos neurônios nascem no seu cérebro. Mais do que isso, você consegue fazer bilhões e bilhões de conexões entre os neurônios!

O fato de trilhas em seu cérebro poderem crescer e mudar é chamado de neuroplasticidade. Essa palavra chique significa apenas que seus neurônios são como argila, moldáveis. Ou seja, seus neurônios mudam. É por isso que você pode mudar!

Agora tente! Faça seus próprios neurônios.

Você pode fazer seus próprios neurônios e correntes-cerebrais. O jeito mais simples para fazer um modelo de correntes-cerebrais é pegar uma tira de cartolina e colar uma ponta na outra. Depois, pegue uma nova tira e passe por dentro da primeira (que agora é um círculo fechado). Então cole as pontas da segunda. Repita esse processo até atingir o tamanho desejado de sua corrente-cerebral.

Os mais habilidosos podem usar barbantes e miçangas de diferentes tamanhos — os barbantes têm que passar pelas miçangas. Use barbantes para formar o axônio, os terminais (que são os "dedos" no final do axônio), os dendritos e as espinhas dendríticas. As bolinhas nas pontas das espinhas dendríticas podem ser representadas pelas miçangas. O "olho" do neurônio (o núcleo) pode ser uma miçanga maior.

Fazer seus próprios neurônios é uma ótima maneira de se lembrar de todas as partes. Alinhando seus neurônios, você entende melhor como os neurônios "conversam" uns com os outros.

Um mistério neuronal

Quando Santiago Ramón y Cajal era vivo, no final do século XIX, os cientistas não sabiam que o cérebro era formado por neurônios individuais. Eles achavam que os neurônios se uniam para formar uma rede. Essa rede se espalhava pelo cérebro, como uma teia de aranha.* Acreditavam que o cérebro fosse uma rede de neurônios única, como uma teia, porque os sinais elétricos fluíam facilmente entre as diferentes partes do cérebro. Como os sinais poderiam fluir fácil assim se tivessem que pular de um neurônio para outro?

O problema é que era difícil ver o que acontecia. Os microscópios não eram bons o suficiente para ver se havia espaços entre os neurônios. A teoria da teia de aranha parecia razoável na época. Mas Santiago se perguntava se não havia vãos especiais entre os neurônios e que eram apenas pequenos demais para que pudéssemos ver. Santiago propôs que os sinais pulavam pelo vão como uma pequena faísca elétrica (parecido com os choques que nossos neurônios-alienígenas dão nos amigos!). Santiago estava certo, claro. Agora conseguimos ver a fenda sináptica com novas ferramentas que são melhores que os antigos microscópios.†

Hoje, os neurocientistas conseguem ouvir os neurônios conversando no cérebro. As ondas elétricas são fáceis de visualizar usando tecnologias legais como o EEG.‡ É como observar ondas quebrando no mar.

---

* A ideia de que neurônios formam uma única rede era chamada de "teoria reticular". Ela contrastava com a ideia de Santiago, de que havia muitos neurônios menores que mandavam sinais uns para os outros por minúsculos vãos. A ideia de Santiago foi chamada de "teoria neuronal".

† Nem todas as sinapses têm uma fenda. Alguns neurônios têm uma conexão elétrica direta. Essas conexões diretas são mais comuns no início do desenvolvimento do córtex cerebral, mas muitas desaparecem nos cérebros adultos.

‡ "EEG" significa eletroencefalograma. Essa técnica utiliza discos de metal redondos, colocados na parte externa da cabeça, que permitem aos pesquisadores ver a atividade elétrica do cérebro.

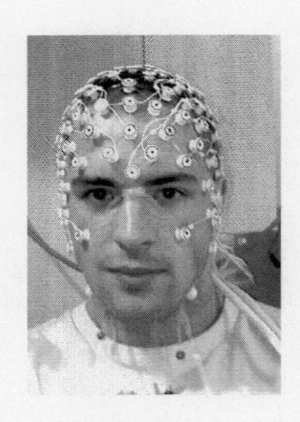

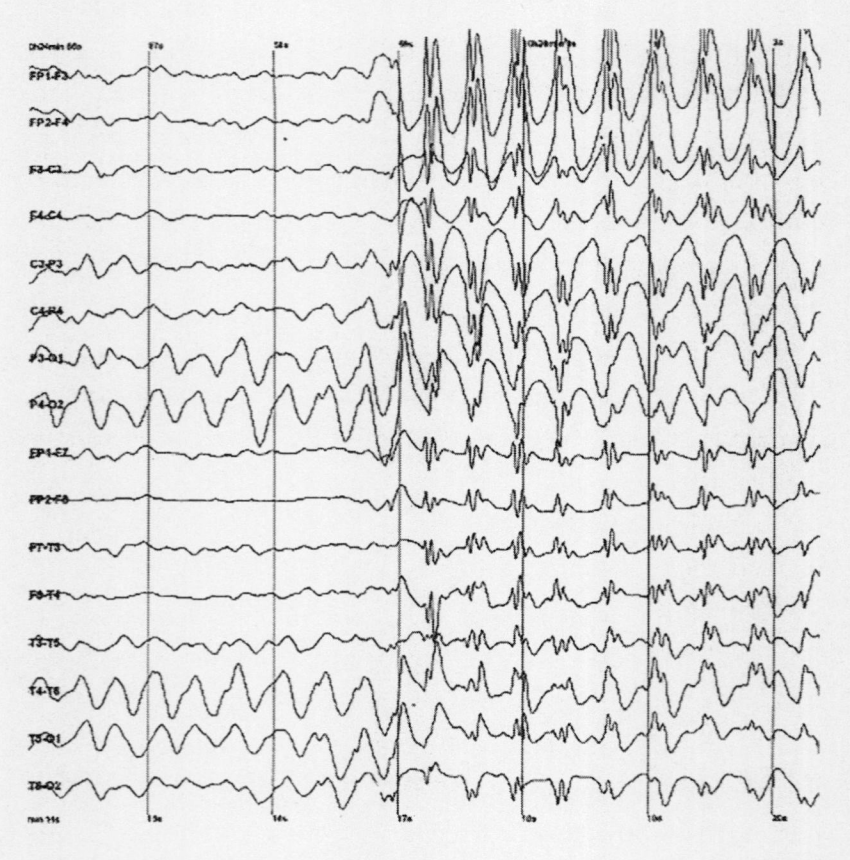

A foto acima mostra um homem com sensores de EEG na cabeça.
Abaixo estão as ondas do cérebro dele.

Amamos metáforas!

Já percebeu que gostamos de usar *metáforas*? Metáfora é uma comparação entre duas coisas.* Uma delas é algo familiar para você, como uma onda do mar. A outra é algo que você talvez não conheça muito bem, como uma onda elétrica. As metáforas permitem que você conecte o que já sabe ao conceito novo que está aprendendo. Isso ajuda a aprender mais rápido (claro que uma onda elétrica não é a mesma coisa que uma onda do mar, um neurônio não é um alienígena e uma espinha dendrítica não é um dedo; eles só têm algumas semelhanças).

Criar uma metáfora criativa é uma das melhores formas de aprender um novo conceito ou compartilhar uma ideia importante. É por isso que algumas metáforas tem significado em todas as línguas, como o provérbio Swahili "Sabedoria é riqueza". Grandes escritores são conhecidos por suas metáforas. Já ouviu a frase de Shakeapeare "O mundo inteiro é um palco"? Você é o ator.

Quando você pensa em uma metáfora, uma trilha em seu cérebro é ativada (sim, essa trilha é o conjunto de correntes-cerebrais já visto aqui). A trilha permite que você pense com mais facilidade no conceito "real". Só de pensar na metáfora você começa a entender o conceito mais difícil! As metáforas te ajudam a entender mais rápido (isso tudo está relacionado ao que chamamos de "teoria da reutilização neural".[8] Você recusa ideias que já aprendeu para aprender ideias novas).

Geralmente, chega um momento em que a metáfora para de funcionar. Por exemplo, os alienígenas dando choques uns nos outros é uma metáfora que não explica sinapses bem se

---

* Os professores de português sabem usar muito bem as palavras. Talvez digam que tecnicamente estou falando de analogia ou símile, que são figuras de linguagem semelhantes à metáfora. Mas para deixar as coisas mais simples para você, continuarei usando a palavra metáfora neste livro.

você olhar mais de perto. Quando uma metáfora parece não funcionar mais, você pode jogá-la fora e encontrar uma nova metáfora para ajudá-lo a compreender mais profundamente. Você também pode usar metáforas diferentes para começar a entender uma única ideia. É o que fizemos quando dissemos que um conjunto de neurônios conectados é como uma corrente-cerebral ou uma trilha de rato na floresta.

A metáfora te ajuda a compreender uma ideia nova ao conectá-la a algo que você já conhece. Sempre que uma metáfora não funcionar ou deixar de fazer sentido, você pode trocá-la por outra que faça.

Neste livro você encontrará muitas metáforas: zumbis, correntes, ratos e polvos. Usamos metáforas para que você entenda melhor os conceitos. Lembre-se, elas são apenas maneiras úteis de ajudá-lo a entender ideias-chave. Não se preocupe se a metáfora for estranha, às vezes metáforas mais malucas abrem sua mente para uma ideia nova. Além de tudo, são mais fáceis de memorizar!

Agora tente! Entendendo uma metáfora.

Nós mencionamos duas metáforas:

- Sabedoria é riqueza
- O mundo é um palco

Pense um minuto sobre esses exemplos. O significado é claro para você? Veja se consegue colocá-los em outras palavras. Se não conseguir, leia as notas no final do livro.[9]

Santiago Ramón y Cajal

Então, como Santiago tornou-se um cientista tão incrível?

Não foi fácil.

O pai de Santiago percebeu que seu filho precisava de uma abordagem diferente. Fez com que ele se interessasse por medicina lhe mostrando como eram corpos de verdade. Como? Os dois saíam escondidos à noite para procurar corpos em cemitérios (isso foi em 1860, as coisas eram diferentes naquela época. Não tente fazer isso hoje!).

Santiago começou a desenhar partes do corpo. Poder ver, tocar e desenhar o que estava aprendendo fez seu interesse crescer.

E então Santiago decidiu ser médico. Ele voltou a estudar matemática e ciências do ponto onde havia parado quando era jovem. Dessa vez, prestou atenção. Esforçou-se muito para construir as trilhas que não havia conseguido construir em seu cérebro antes.

Finalmente se formou em medicina! Todos os tipos de células eram interessantes para ele. Assim, decidiu tentar ser professor de patologia (é uma especialidade que percebe a diferença entre partes do corpo saudáveis e doentes. Isso é feito por meio de exames, incluindo observação no microscópio). Para isso, Santiago teria que passar numa prova muito difícil. Ele estudou muito durante um ano. E não passou. Então estudou muito durante mais um ano. E não passou de novo. Mas finalmente conseguiu ser aprovado na terceira tentativa.

Santiago Ramón y Cajal, sempre à frente de seu tempo, aqui por volta de 1870, tirando uma das primeiras selfies do mundo (perceba que não vemos sua mão direita porque está apertando o botão para disparar a foto). Santiago preocupava-se bastante com os jovens. Até escreveu um livro para eles — Advice for a Young Investigator.

Santiago passou a desenhar lindas figuras dos neurônios que observava em seu microscópio. Seu atlas dos neurônios é o ponto de partida para os estudos modernos sobre neurônios até hoje.

Mas havia um problema. Santiago não era um gênio e sabia disso. Muitas vezes ele desejava ser mais inteligente. Enrolava-se com as palavras e esquecia os detalhes facilmente. Mas sua pesquisa com neurônios mostrou a ele que era possível exercitar ainda mais seu cérebro. Seu esforço para aprender matemática e ciências aos poucos mudou sua habilidade nessas áreas. Com a prática contínua ele conseguiu construir novas conexões, alterando a estrutura do próprio cérebro. Foi assim que ele mudou de garoto problema para cientista famoso!

A pesquisa científica atual confirma o que Santiago descobriu. Todos podemos ficar mais inteligentes por meio do

pensamento. Aprender nos torna mais inteligentes. E aprender a aprender é uma das melhores coisas que você pode fazer para começar a ter sucesso no aprendizado. Essa é a ideia mais importante deste livro! Continue lendo!

Encontraremos Santiago de novo mais adiante. E descobriremos mais sobre como ele conseguia superar os gênios, apesar da sua "limitada" capacidade mental.

Desculpas comuns para não aprender[10]

É fácil encontrar desculpas para não se encaixar a boas técnicas de aprendizagem. Aqui estão as mais comuns e como você pode contorná-las.

1. Não tenho tempo.

Se você não dedicar o tempo necessário para resolver problemas e ler mais devagar e com atenção, não será capaz de criar novas conexões neurais — que é a única maneira de aprender. Se passar rapidamente os olhos pelo conteúdo do livro, ele ficará lá na página. Não estará em seu cérebro, porque você não o aprendeu. É por isso que você realmente precisa focar enquanto faz o pomodoro, relendo se necessário. Isso é fazer o melhor uso do seu precioso tempo.

2. Não tenho muita imaginação.

Criar metáforas e figuras excêntricas para memorizar as coisas pode parecer difícil. Você pode achar que não tem a mesma imaginação dos adultos. Isso não é verdade! Quanto mais jovem você é, mais imaginação naturalmente tem. Mantenha e desenvolva sua imaginação infantil utilizando-a para aprender.

3. O que estou aprendendo é inútil.

Não fazemos flexões e abdominais todos os dias. Ainda assim, esses exercícios não são inúteis, pois nos ajudam a manter boa forma física. Da mesma maneira, o que aprendemos pode ser diferente do que fazemos no dia a dia, mas o novo aprendizado nos ajuda a manter nossa forma mental. Mais que isso, novos aprendizados servem como recurso para nos ajudar a transferir novas ideias para nossa vida com o uso de metáforas.

4. Meus professores são muito chatos.

Seus professores te oferecem fatos e ideias. Mas é você quem tem que criar uma história com sentido para si mesmo e que faça os conceitos permanecerem em sua mente.

A coisa mais chata seria o professor te dar isso e deixar você sem nada para fazer!

Você é parte fundamental do processo de aprendizagem. É importante que assuma a responsabilidade de construir seu entendimento.

Pausa para recordar

Depois de ler esta seção "Pausa para recordar", feche o livro e olhe para o lado. Quais são as ideias principais deste capítulo? Escreva o máximo de ideias que puder — você verá que seus neurônios trabalharão melhor e que lembrará com mais facilidade se estiver escrevendo.

Depois de ler esta seção "Pausa para recordar", feche o livro e olhe para o lado. Quais são as ideias principais deste capítulo? Escreva o máximo de ideias que puder — você verá que seus neurônios trabalharão melhor e que lembrará com mais facilidade se estiver escrevendo.

Não se preocupe se não se lembrar de muita coisa quando tentar pela primeira vez. Conforme continuar praticando essa técnica, começará a perceber mudanças em como lê e no quanto recorda. Saiba que até professores eminentes às vezes admitem ter dificuldades para recordar ideias-chave do que acabaram de ler!

Marque este quadrado quando terminar: ☐

Agora tente! Crie sua própria metáfora.

Pense em seu último desafio — não importa se é de matemática, línguas, história ou química. Tente criar uma boa metáfora para o que está aprendendo. Explique sua metáfora para um amigo. Lembre-se, usar uma metáfora significa apenas encontrar um jeito de conectar o novo conteúdo a algo que você já conhece.

Um bom jeito de criar uma metáfora é rabiscando em um papel. Ideias surpreendentemente úteis podem surgir de rabiscos bobos!

Alguns exemplos de como começar:

- Se estiver estudando elétrons, pode imaginá-los como minúsculas bolas difusas. O fluxo de elétrons forma uma corrente elétrica, assim como o fluxo de moléculas de água forma uma corrente de água.

- Podemos pensar que a história é composta por "correntes" de diferentes fatores que contribuem todos para eventos históricos como a Revolução Francesa ou o desenvolvimento do motor de automóvel.
- Em álgebra, pense no x como um coelho que sai da toca somente quando você resolve a equação.

Termos-chave da neurociência

Axônio: O axônio é como o "braço" do neurônio. Ele estica em direção ao próximo neurônio em uma corrente cerebral.

Corrente cerebral: A corrente cerebral é um termo usado neste livro para indicar neurônios que se tornaram parte de um grupo após a geração de "faíscas" frequentes pelas sinapses. Aprender algo novo significa criar novas correntes cerebrais.

Dendritos: Dendritos são como as "pernas" do neurônio. As espinhas dendríticas do dendrito recebem sinais de outros neurônios e podem passá-los pelo dendrito até o corpo central da célula (o "olho" do neurônio-alienígena).

Espinha dendrítica: Espinhas dendríticas são os "dedos" que saem do dendrito (a "perna" do neurônio). Elas formam um dos lados da conexão sináptica.

Modo difuso: Usamos o termo modo difuso para nomear certas partes do cérebro que ficam ativas quando estamos relaxados, sem pensar em algo específico (os neurocientistas dão a isso o nome de "rede em modo padrão", "rede de tarefas negativas" ou "ativação do estado de repouso").

Modo focado: Usamos o termo "modo focado" para dizer que certas partes do cérebro começam a funcionar quando prestamos muita atenção em alguma coisa. Quando estamos focados, as partes ativas do cérebro são em sua maioria diferentes das partes que ficam ativas no modo difuso (em vez de "modo focado", os neurocientistas utilizam o termo "ativação de redes de tarefa positiva").

Neurônio: Neurônios são células muito pequeninas que formam os elementos constitutivos do cérebro. Nossos pensamentos são formados por sinais elétricos que viajam pelos neurônios. Neste livro, dizemos que o neurônio tem "pernas" (dendritos) e um "braço" (axônio), quase como um alienígena. Um sinal elétrico pode viajar da perna de um neurônio até seu braço, disparando um "choque" no próximo neurônio da corrente.

Neuroplasticidade: O fato de as trilhas em nosso cérebro mudarem e crescerem recebe o nome de neuroplasticidade. Nossos neurônios são como argila moldável. Você consegue mudar seu cérebro aprendendo!

Sinapse: A sinapse é um vão estreito e especial entre os neurônios. Sinais elétricos (nossos pensamentos) podem pular esse vão com a ajuda de algumas substâncias químicas. "Sinapse mais forte" significa que o efeito do sinal ao pular o vão é mais forte.

- Neurônios mandam **sinais** que fluem pelo cérebro. Esses sinais são os pensamentos.
- Os neurônios têm uma aparência distinta, parecidos com alienígenas. Há **dendritos** ("pernas") de um lado do neurônio e um **axônio** ("braço") do outro lado.
- **Espinhas dendríticas** são como "dedos" nas "pernas" do neurônio.
- **O axônio de um neurônio dispara um "choque" na espinha dendrítica do neurônio vizinho.** É assim que um neurônio manda um sinal para o próximo.
- **A palavra sinapse refere-se a um vão estreito e especial em que o axônio e a espinha dendrítica quase se tocam.** Uma "faísca" é enviada do axônio para a espinha dendrítica.
- **Metáforas são ferramentas de aprendizagem poderosas.** Elas nos ajudam a reutilizar trilhas de neurônios que já desenvolvemos para que possamos aprender mais rapidamente.
- **Se uma metáfora não é mais útil, não faz mais sentido, jogue-a fora e crie uma nova.**
- Em nosso livro, mostramos que a corrente cerebral (ou trilha de rato) pode ficar mais forte de duas maneiras:
- **Quando cada sinapse fica maior**, fazendo com que cada faísca fique mais forte.
- **Quando mais neurônios se juntam à corrente**, formando mais sinapses.
- **Fortalecemos nossas correntes cerebrais (ou trilhas de ratos) praticando.**
- É fácil encontrar desculpas para não se encaixar a boas técnicas de aprendizagem. **É importante desafiar essas desculpas.**
- **Mesmo crianças que não vão bem na escola podem mudar as coisas e ter sucesso.** Lembre-se de Santiago Ramón y Cajal, o pai da neurociência moderna!

CONFIRME SEU ENTENDIMENTO

As ideias-chave deste capítulo entraram em seu cérebro? Responda as perguntas a seguir.

1. As _____ que seus neurônios mandam para outros neurônios formam _____. (Preencha as lacunas com as palavras adequadas)
2. Desenhe um neurônio da forma como lembrar. Nomeie as partes principais. Tente fazer isso sem consultar o livro. Recorde ativamente em vez de apenas olhar a resposta. Isso é o que ajuda a criar uma nova corrente cerebral!
3. O axônio dá choque na espinha dendrítica? Ou a espinha dendrítica dá choque no axônio? Em outras palavras, o sinal passa do axônio para a espinha dendrítica, ou o contrário?
4. O que fazer quando uma metáfora não funciona mais?
5. Por que os cientistas pensavam que nosso cérebro era formado por uma só rede de neurônios em vez de muitos neurônios menores que enviam sinais uns para os outros através de pequenos espaços?
6. O que é uma corrente cerebral?
7. Como um pensamento é semelhante a uma trilha de rato na floresta?
8. Quando aprendemos algo novo, formamos uma nova _____ em nosso cérebro (várias palavras diferentes podem ser usadas aqui).

(Quando tiver terminado, compare suas respostas com as que estão no final do livro.)

Você passeou pelas figuras, olhou as perguntas ao final e seu caderno. Está preparado para o próximo capítulo? ☐

CAPÍTULO 5

O OUTRO LADO DA MESA DO PROFESSOR

Oi. Eu sou o Al. É um prazer conhecer você. Estou ajudando Barb e Terry a escreverem este livro. É comum professores universitários usarem palavras complicadas e frases compridas. Estou aqui para ficar de olho na linguagem!

Tenho 42 anos, mas recentemente me encontrei numa sala, ansioso, fazendo prova com um grupo de alunos de dezesseis anos. A prova era de química e eu era o único adulto ali. Por quê? Acha que eu repeti 26 vezes? ...

Vou explicar.

Sou professor em uma escola da Inglaterra. É uma escola muito legal e simpática. Você iria gostar dela. Mas dou aulas de religião e filosofia, não de química. Na verdade, até um ano atrás eu não sabia nada de química. Frequentei uma escola boa quando era criança, mas não gostava de ciências. Achava difícil, tinha muita matéria para estudar. Eu não tinha interesse e a escola permitiu que eu não estudasse mais essa matéria.

Línguas eram mais fáceis e divertidas para mim, então estudei várias delas. Assim desisti de estudar o que eu achava difícil, como química.

"Eca", eu pensava naquela época. Que alívio. Eu achava que a escola estava me fazendo um grande favor. Não precisei me esforçar para aprender algo difícil.

Mas desde então, senti que havia algo importante faltando na minha formação.

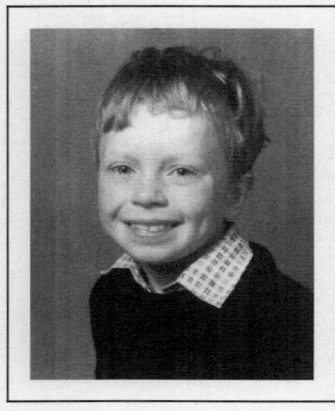

Eu quando tinha cabelos, antes de entender os átomos.

Parte do meu trabalho agora é observar outros professores na sala de aula e conversar sobre como eles ensinam e como podem melhorar. Eles conseguem ajudar os alunos a entenderem álgebra, a Primeira Guerra Mundial ou os esportes? Como deveriam lidar com a criança que não presta atenção e fica cutucando o amigo com o lápis?

Assisti a algumas aulas de química e sempre fiquei um pouco constrangido. Não entendia o que se passava. Eles usavam uma linguagem que eu não conhecia e sabiam misturar substâncias das quais eu nunca tinha ouvido falar.

Às vezes os alunos me faziam perguntas nessas aulas de química. Pensavam que só por ser professor, como era apenas química "básica", eu saberia as respostas. Eu nunca conseguia ajudá-los e eles ficavam um pouco chocados. Afinal de contas, se eu não sabia nada sobre os átomos, como poderia ajudar o professor de química?

Eu apenas ria da situação. Mas não parecia muito bom ter um buraco tão grande no meu conhecimento sobre o universo.

Então eu conheci a Barb. Isso foi há uns dois anos na Inglaterra. Ela havia ido a minha escola contar sua história, que eu achei verdadeiramente inspiradora e relevante para mim. Como eu, ela havia sido uma "pessoa das letras", mas percebeu que poderia aumentar suas paixões. Ela não se limitou a fazer apenas o que gostava e achava mais fácil. Contou-nos que era possível reconectar nossos cérebros, o que eu não sabia (porque tinha estudado quase nada de ciências).

Decidi então estudar química do ensino médio. E decidi fazer isso do jeito da Barb e do Terry. Li o livro da Barb, *Aprendendo a aprender* e fiz o curso on-line com o mesmo nome. Eles me ensinaram as mesmas dicas e truques que estão ensinando para você neste livro.

Anunciei para a escola toda que eu faria isso. Faria a prova final de química do último ano com os alunos e queria que eles me ajudassem.

Normalmente eu os ensinava. Naquele momento queria que eles me ensinassem.

O melhor momento para plantar uma árvore é vinte anos atrás. O segundo melhor momento é agora.

— *Provérbio chinês*

Os alunos me ajudaram muito enquanto eu tentava aprender química.

Os alunos da escola achavam engraçado o que eu estava fazendo. Alguns me perguntavam qual era o propósito daquilo. Eu não precisava aprender química para o meu trabalho. Expliquei que só queria saber mais sobre o mundo. E queria compartilhar com eles o que havia aprendido com Barb e Terry. Achava que poderia ajudá-los também. E pensei que me faria um professor melhor porque eu lembraria como é ser aluno.

Meus alunos me encorajaram e ajudaram demais. Sempre me perguntavam "Como vai a química, Al?", quando nos encontrávamos nos corredores da escola. Esses lembretes eram a deixa para eu fazer um pomodoro. Recomendavam sites e guias de estudos, faziam perguntas sobre os fundamentos. Quando eu aparecia na aula de química deles, me convidavam para fazer os experimentos no laboratório. E tinham muita paciência para explicar as coisas simples quando eu empacava. Eles poderiam rir de mim, mas não riram. Alunos são ótimos professores.

Segui os conselhos de Barb e Terry o máximo que pude. Trabalhei em períodos de 25 minutos focados e alternei entre sessões focadas e pausas difusas. Nas pausas normalmente eu levava minha cadela, Violeta, para passear. Terry me disse que o exercício é muito importante para ele. Funcionou comigo também. Às vezes eu explicava os conceitos de química para a Violeta enquanto passeávamos. Ensinar é uma ótima maneira de aprender, mesmo que seu aluno seja um cachorro!

Violeta às vezes tem um pouco de dificuldade em entender o que eu estou explicando.

Eu *recordava* ativamente as informações principais. A cada nova seção, tentava resolver questões de prova para testar a mim mesmo. Quando não entendia algo do livro, procurava vídeos na internet, com o cuidado de não me distrair. Se ainda não entendesse, pedia ajuda a um dos meus alunos. Normalmente eles sabiam a resposta e eu sabia que era bom para eles mesmos que me ensinassem. Todos ganhamos com isso.

Eu me lembrava de *intercalar* trocando de assunto (você aprenderá mais sobre isso a seguir). Olhava os capítulos seguintes para ter noção do que estava por vir. Lia provas anteriores para saber o que os professores poderiam perguntar. Inventava imagens doidas para me lembrar de conteúdos difíceis. Por exemplo, imaginava que eu estava chorando ao lado de um Porsche branco para lembrar que o catalisador para fundir alumínio é a *criolita*, que é um pó branco.* Deu certo para mim...

---

* [*N. da T.*]: criolita em inglês é cryolite, que tem som parecido com "cry a lot", que significa "chorar muito".

Tive que fazer sacrifícios para conseguir isso tudo em um ano, como havia prometido aos meus alunos. Sou muito ocupado no trabalho, então passei as férias e alguns fins de semana estudando química. Minha família achou que eu estava louco. Mas adorei ter vencido minha ignorância e adorei usar um método que funciona. Podia sentir que estava progredindo.

Quando chegou a hora da prova final, achei que iria bem, mas não estava confiante. Eu fiz o que pude durante um ano, enquanto os alunos passaram cinco anos estudando antes dessa prova. Desejei ter praticado ainda mais. Será que as trilhas da minha máquina de pinball mental eram fortes o bastante?

A prova foi justa. Parte dela estava bem difícil, mas no geral consegui mostrar o que eu sabia. Quando terminei, senti que havia feito o meu melhor.

Tive que esperar oito semanas para saber se tinha passado. Assim como meus alunos, estava ansioso no dia em que o resultado seria divulgado. Quando abri meu envelope, fiquei muito feliz! Passei com uma boa nota e pude informá-la aos meus alunos sem nenhuma vergonha. Eles ficaram contentes por mim.

Estou muito feliz por ter feito isso tudo. Tive conversas ótimas com os alunos sobre aprender e pude compartilhar com eles as ideias da Barb e do Terry. Eu me lembrei de como é ser aluno e se deparar com conteúdos difíceis. Os professores normalmente se esquecem disso porque são especialistas em suas matérias. Às vezes eles não entendem por que as crianças acham as coisas difíceis. É bom ser lembrado que, claro, iniciantes geralmente têm dificuldades! A melhor parte foi sentir que eu estava dividindo uma experiência com meus alunos. Entendo o mundo deles melhor agora, assim como entendo os átomos. E aprendi uma grande lição sobre como podemos, juntos, nos tornar aprendizes melhores.

Penso que muitos adultos teriam muitos benefícios se tentassem fazer algo parecido. Especialmente aqueles que trabalham com jovens ou apenas convivem com eles. Por que você não desafia um de seus professores a aprender algo novo? Ou seus pais? Ofereça ajuda. Você terá ótimas conversas com eles sobre como ser um bom aprendiz. E eles entenderão seu mundo melhor também.

Pausa para recordar

Levante-se e faça uma pausa — pegue um copo d'água ou um lanche, ou finja que é um elétron orbitando uma mesa próxima a você. Enquanto isso, veja se consegue recorder as ideias principais deste capítulo.

Marque este quadrado quando terminar: ☐

Agora tente! Faça uma pausa

Al McConville descobriu que fazer pausas difusas entre os pomodoros o ajudava a aprender.

Faça uma lista de atividades favoritas que funcionam para você em suas pausas difusas. Se quiser, peça a um amigo para fazer o mesmo e compare suas listas.

RESUMINDO

- **É possível aprender matérias novas que você nunca pensou que conseguiria aprender.** Você pode fazer isso mesmo se for adulto!
- **Aprender assuntos novos pode fortalecê-lo.**
- **Use ferramentas como o pomodoro e a técnica de recordar ativamente e exercite-os** (você aprenderá mais sobre isso em breve) para impulsionar seu aprendizado.
- **Pesquise na internet** outras explicações se a primeira explicação não fizer sentido para você.
- **Peça ajuda a outras pessoas se ficar empacado.**
- **Não tenha medo de voltar ao nível iniciante**, ainda que seja mais velho do que os outros alunos.

Você passeou pelas figuras, olhou as perguntas ao final e seu caderno. Está preparado para o próximo capítulo? ☐

CAPÍTULO 6

APRENDENDO DURANTE O SONO

Como acordar mais inteligente

Você não adoraria ter um upgrade cerebral? Uma atualização do "software" do cérebro? Um fortalecimento de suas correntes cerebrais?

Adivinhe só! Você recebe esse upgrade todas as noites.

A cientista Guang Yang e sua equipe fizeram descobertas importantes sobre a aprendizagem.

O poder do sono

A cientista Guang Yang estuda os neurônios e gosta de fazer descobertas, assim como Santiago Ramón y Cajal, de quem falamos no Capítulo 4. Ela se interessa particularmente pela forma como nós aprendemos. Guang queria saber se os neurônios mudam quando aprendemos algo novo, pois isso poderia nos dar pistas de como aprender melhor. Ela descobriu que eles realmente mudam. E a grande mudança acontece depois que aprendemos algo e, em seguida, vamos dormir.

Utilizando técnicas muito recentes, Guang tirou uma foto de um neurônio vivo. Essa foto, abaixo, mostra parte de um dendrito. É possível ver as espinhas dendríticas (os "dedos") que crescem pelos dendritos.

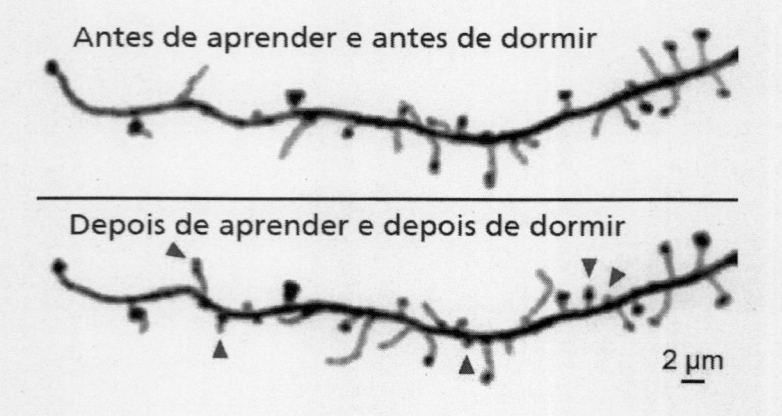

Essas duas imagens mostram um neurônio antes (em cima) e depois (em baixo) de a pessoa aprender e dormir. As setas na imagem de baixo apontam para novas espinhas dendríticas que cresceram durante o sono. Note que algumas espinhas estão faltando. O que aconteceu com elas? (Dica: veja a discussão sobre aspiradores sinápticos algumas páginas adiante!)

Durante o dia, enquanto a aprendizagem estava ocorrendo, algumas pequenas saliências começaram a emergir nos dendritos. Mas as espinhas cresceram mesmo durante o sono![1] As setas na figura acima apontam para novas espinhas dendríticas que Guang encontrou na manhã seguinte.

Essas espinhas dendríticas formam sinapses (conexões) com os axônios dos outros neurônios. Uau! Isso significa que as correntes cerebrais solidificam quando estamos dormindo! Um neurônio pode inclusive conectar-se a outro por meio de várias sinapses, tornando as correntes cerebrais ainda mais fortes.

Durante o sono, o cérebro ensaia o que aprendeu durante o dia. É possível ver os sinais elétricos passando várias vezes pelo mesmo conjunto de neurônios. É como se, enquanto dormimos, os alienígenas tivessem a chance de repetidamente dar choques reconfortantes uns nos outros. Ou podemos imaginar que durante a noite nosso ratinho mental tem a oportunidade de correr pela trilha neural muitas vezes mais. Esse "treino noturno" durante o sono é o que parece fazer as espinhas dendríticas ficarem maiores.

Quando a espinha dendrítica é boa e larga, a sinapse torna-se mais forte (ou seja, consegue mandar um sinal mais potente). A corrente cerebral fica um pouquinho maior e mais robusta.

Concentrar-se atentamente durante o dia para aprender algo novo pode estimular o crescimento de novas "saliências" dendríticas (é aqui que entra a técnica de recordar ativamente — ajuda a criar as primeiras saliências). Depois, quando estamos dormindo, as pequenas saliências transformam-se em espinhas dendríticas.

As novas espinhas dendríticas têm conexões sinápticas com novos neurônios. Conforme mencionado no capítulo anterior, *quanto mais conexões você faz e quanto mais fortes forem essas conexões, mais poderosas são as correntes cerebrais.* Isso significa que fica mais fácil pensar sobre o que você está aprendendo. É como ser capaz de dirigir seus pensamentos por uma rodovia bem asfaltada em vez de uma viela lamacenta cheia de buracos.

Nesse momento, o simples fato de estar lendo esta página pode ajudar a formar novas espinhas dendríticas. Seu cérebro muda quando você aprende!

Há algo inesperado, porém. As espinhas dendríticas são como detectores de mentiras. As novas espinhas e suas sinapses começam a crescer somente se você estiver realmente focado na nova informação que quer aprender. Não dá para enganá-las. As espinhas dendríticas sabem dizer se você ficou jogando videogame ou conversando com seus amigos em vez de estudar. Na verdade, ainda que novas espinhas dendríticas e sinapses sejam formadas, elas podem desaparecer facilmente se você não as exercitar. Ou seja, se não usar vai perder.

É como se um "faxineiro sináptico" viesse remover as espinhas dendríticas que não estão sendo usadas. Com novas tecnologias de imagem, podemos observar as espinhas dendríticas desaparecendo! Observe a imagem da página anterior. Consegue ver uma espinha dendrítica à direita que não conseguiu permanecer até o dia seguinte? (Se conseguir, parabéns!)

Uma "limpeza sináptica" varrendo as espinhas dendríticas.

É por isso que, às vezes, você entende uma explicação na aula, mas quando vai revisar o material alguns dias depois, não. E então é preciso focar novamente no mesmo material. Tem que recomeçar o processo de criar espinhas dendríticas como fez na primeira vez. Sua prática deve ser espaçada para que você consiga lembrar por mais tempo.

Agora tente! Verifique sua conexão sináptica

Os neurônios não estão apenas no cérebro, também ficam em outras partes do corpo. Você consegue ver seus neurônios e sinapses trabalhando. Tente este experimento.

Sente em uma cama sem tocar os pés no chão. Bata em seu joelho suavemente, logo abaixo da rótula (não funciona se não bater no lugar certo).

Tenha cuidado para não bater muito forte, apenas o suficiente para fazer seu joelho reagir automaticamente. Isso é chamado reflexo. Bater suavemente nesse ponto faz com que um músculo retraia acima do joelho. Esse músculo envia um sinal através de um neurônio sensorial que vai até sua medula espinhal. Ali o sinal pula através de uma sinapse até um neurônio motor que contrai o músculo. A força da sinapse (ou seja, a força do sinal que cruza o espaço entre os neurônios) controla o quanto seu joelho reage. Um conjunto forte de sinapses faz seu joelho pular rápido, mas sinapses fracas não o movem muito. É isso que os médicos querem verificar quando batem em seu joelho (não se preocupe se não conseguir fazer seu joelho reagir, algumas pessoas não respondem à batida no joelho e isso é perfeitamente normal também).

Há muitos tipos diferentes de reflexos. Se alguém gritar bem perto do seu rosto, você piscará. Se pressionar a palma da mão de um bebê com seus dedos, ele os agarrará. O legal dos reflexos é que eles protegem seu corpo. Quando tocamos um fogão quente, por exemplo, seus reflexos reagem rapidamente para evitar uma queimadura. A informação só precisa percorrer o trajeto entre o músculo até a medula espinhal e voltar, sem precisar ir até o cérebro. Viajar até o cérebro leva tempo! Quando a mão está no fogão quente, precisamos tirá-la o mais rápido possível sem ter que pensar.

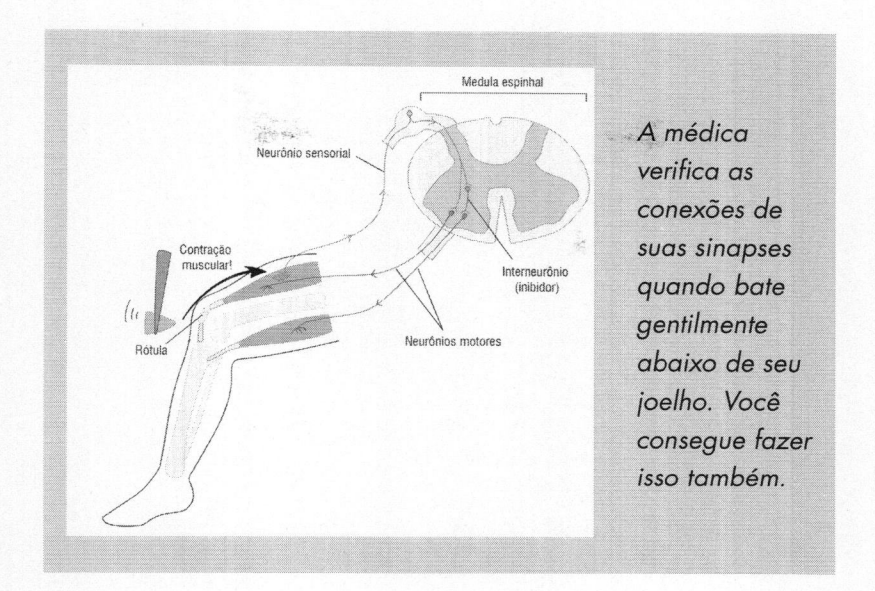

A médica verifica as conexões de suas sinapses quando bate gentilmente abaixo de seu joelho. Você consegue fazer isso também.

Prática de repetição espaçada: como construir uma parede de tijolos com o que aprendemos

Então, para recapitular: quanto mais você aprende, pratica e dorme, mais espinhas dendríticas e conexões sinápticas são formadas. Conexões mais fortes e em maior quantidade. Uau! Que estrutura de aprendizagem poderosa!

Boas estruturas de aprendizagem são como paredes de tijolos. Elas crescem aos poucos, ficando mais fortes a cada momento. Se passamos algum tempo por dia aprendendo um tópico específico durante vários dias, teremos vários períodos de sono nesse intervalo. Dessa forma há mais tempo para que novas conexões sinápticas cresçam e o novo aprendizado seja fixado.[2] A trilha neural é pisoteada várias vezes por seu rato mental, que continua correndo durante a noite, enquanto você dorme (os ratos são criaturas noturnas, lembre-se disso). A prática faz a permanência, ou pelo menos fortalece!

Se deixar "a argamassa secar" entre as camadas de tijolos enquanto dorme, você constrói uma base neural sólida. É a parede de cima. Se não deixar as camadas secarem e correr com a construção (estudo) basta um dia para que a parede fique uma bagunça. Isso também acontece com seu aprendizado se você deixar tudo para o último minuto.

"Cramming" significa procrastinar e deixar o estudo para o último minuto. **Agora você sabe que isso é uma má ideia. Se deixar as tarefas para o último minuto você terá menos tempo para repeti-las e menos noites de sono para fazer crescer novas sinapses, consequentemente não conseguirá recordar bem os detalhes.** Também haverá menos tempo para conectar a nova ideia a outras.

Alguns estudantes fazem "procrastinação reversa". Se têm que fazer uma lição de casa para entregar sexta-feira, por exemplo, fazem a lição inteira na segunda-feira para se livrarem dela. Procrastinação reversa é ótima, mas é bom complementá-la com um pouco de revisão antes de entregar a tarefa, para dar a seu cérebro a oportunidade de fortalecer as conexões.

Isso reafirma o fato de que quando aprendemos algo novo, precisamos revisá-lo logo, antes que as espinhas dendríticas e as conexões sinápticas comecem a desaparecer. Se elas desaparecerem, temos que começar o processo de aprendizagem todo novamente. Aproveite o que você já aprendeu. Leia suas anotações. Explique para um amigo. Elabore cartões de memorização. Conforme for melhorando sua capacidade de recuperar informações, você consultará o material com menos frequência.[3] Sessões curtas de estudo durante alguns dias são melhores para reter a informação na memória do que uma sessão longa.

Lembre-se: não olhe para a resposta apenas. Recupere-a de sua mente (a técnica de "recordar ativamente") e somente veja a resposta se você realmente precisar. Esse "resgate" ativo de sua mente é o que estimula o crescimento de novas espinhas dendríticas. Somente olhar para a resposta não ajuda em nada.

Se você continuar treinando as novas ideias todos os dias, suas correntes cerebrais ficam mais grossas e fortes.

Vejamos um exemplo. Uma menina está aprendendo algumas palavras novas que nomeiam diferentes partes do cérebro.

Como vemos no calendário da página 103, ela aprende as novas palavras no sábado, e não as conhece muito bem. Tenta recordar as palavras no domingo e na segunda-feira; as correntes começam a ficar mais fortes. Depois de três dias seguidos o novo aprendizado está sendo fixado e ela pode tirar um dia de descanso. Mas as novas correntes de palavras ainda não estão sedimentadas. Na terça-feira à noite elas começam a esvanecer um pouco. Mais prática na quarta-feira firma as coisas no lugar. Uma verificação na sexta-feira garante que as trilhas dessas palavras no cérebro estão realmente marcadas. Ela estará bem preparada para a prova na segunda-feira.

Recordar é uma das formas mais eficientes de impulsionar seu aprendizado.

Outra pessoa tenta estudar tudo na segunda-feira de manhã antes da prova. Mesmo que passe horas estudando, não terá dormido após o estudo para que as sinapses comecem a se formar. As trilhas não serão marcadas até que a pessoa durma na segunda-feira à noite. Infelizmente, isso será depois da prova, tarde demais. O faxineiro sináptico rapidamente limpará as estruturas fracas. Já era!

Pior ainda, depois de estudar todo o conteúdo antes da prova, é fácil pensar "não vou usar isso". Aí você não exercita. Quando não pratica algo que acabou de aprender, é mais fácil para seu aspirador sináptico aspirar as novas espinhas dendríticas. As novas conexões que você estava tentando desenvolver acabam desaparecendo.

Há uma ideia importante para lembrarmos aqui. *As pessoas precisam praticar e repetir um conceito para entendê-lo. Algumas mais do que outras.* Isso é perfeitamente normal!

Se você não exercitar as ideias novas que está aprendendo, seu aspirador sináptico vai aspirá-las!

Por exemplo, normalmente eu preciso praticar, praticar, praticar muito mais que outras pessoas. É o único jeito de aprender a informação. Meu coautor Terry, por outro lado, entende ideias e conceitos novos muito mais rapidamente. Nosso terceiro coautor, Al, aprende algumas coisas rápido e outras mais devagar. Mas apesar de cada um de nós aprender de maneiras diferentes e em velocidades diferentes, todos tivemos algo bom para contribuir com o mundo da aprendizagem. Então não se sinta mal se você leva mais tempo para aprender as coisas do que seus amigos. Você consegue aprender tão bem quanto eles, às vezes até melhor!

Você pode ter um monte de matérias para estudar e para aprender. Tudo bem. Toda vez que pegar uma matéria para estudar, preste toda atenção que puder enquanto estuda. Não pense sobre as outras coisas que tem que fazer. Quando começar a estudar a próxima matéria, dê toda a sua atenção a ela. Ter que lidar com vários assuntos diferentes pode parecer difícil às vezes, mas ajuda você a se manter flexível mentalmente. É possível criar novas correntes cerebrais e exercitá-las com várias matérias diferentes todo dia. Seu cérebro tem uma galáxia de espaço lá dentro — é impossível preencher tudo com novas ideias e fatos, não importa o quanto você tente!

Hora de mudar de assunto. No próximo capítulo, vamos aprender sobre o polvo da atenção do seu cérebro!

Pausa para recordar

Quando estiver com um parente, amigo ou colega de classe, tente fazer este exercício para recordar ativamente. Conte a eles sobre os pontos mais importantes deste livro ou do que está aprendendo em aula. Ensinar uma nova ideia faz você pensar nela de novas maneiras. Recontar estimula outras pessoas a aprenderem também. Além disso, forma correntes cerebrais mais fortes para que você consiga recordar melhor nas semanas e meses seguintes. Mesmo que o que esteja estudando seja complicado, simplificá-lo para explicar a outras pessoas pode desenvolver seu próprio entendimento.*

Marque este quadrado quando terminar: ☐

---

* Isso é conhecido como "Técnica Feynman", que recebeu o nome do brilhante e muito engraçado físico Richard Feynman. Assista ao vídeo de um amigo da Barb, Scott Young (um aventureiro da aprendizagem!), sobre essa técnica: https://www.youtube.com/watch?v=FrNqSLPaZLc [em inglês].

Agora tente! Estude novamente no dia seguinte

Na próxima vez que estiver aprendendo algo novo que seja um pouco difícil, tente este experimento.

Pratique diversas vezes no primeiro dia e veja se consegue recuperar da mente o que aprendeu depois de estudar. É difícil, não é?

No dia seguinte, depois de uma noite de sono, tente algumas vezes recordar as novas ideias. Percebe que começou a ficar mais fácil?

Se tentar por vários dias seguidos, perceberá como pensar nessas novas ideias ficou muito mais fácil. Você conseguirá lembrar-se delas rapidamente quando precisar.

RESUMINDO

- Novas espinhas dendríticas e sinapses começam a se formar quando começamos a aprender uma informação nova. Mas **as espinhas dendríticas e as sinapses realmente se desenvolvem depois de uma sessão de estudo focado**, enquanto dormimos à noite.
- **O sono fornece a "argamassa" que consolida as paredes de seu aprendizado.**
- As espinhas dendríticas e as sinapses desenvolvem-se ainda mais quando continuamos praticando o que estamos aprendendo. **Quanto mais enviamos um pensamento pelas trilhas neurais, mais permanentes elas se tornam.** É assim que as correntes cerebrais são formadas.
- **Não estude tudo de uma só vez**. Faça sessões de estudo espaçadas por vários dias. Dessa forma você terá mais noites de sono para formar mais espinhas dendríticas e sinapses. O conteúdo vai assentar.

- **Todos nós aprendemos em velocidades diferentes.** Não se sinta mal se alguém for mais rápido do que você. A vida é assim. Basta reservar um pouco mais de tempo. Você descobrirá em breve que ser um aprendiz "lento" pode trazer vantagens especiais.

CONFIRME SEU ENTENDIMENTO

1. Por que dormir é importante para o aprendizado?
2. O que as espinhas dendríticas têm em comum com os detectores de mentiras?
3. O que acontece com uma sinapse quando você exercita uma ideia nova?
4. Por que é bom espaçar seus estudos?
5. Explique a metáfora da "parede de tijolos" para você mesmo ou para um amigo.
6. Cite uma coisa que você fará diferente depois de ler este capítulo.

(Quando tiver terminado, compare suas respostas com as que estão no final do livro.)

Você passeou pelas figuras, olhou as perguntas ao final e seu caderno. Está preparado para o próximo capítulo? ☐

CAPÍTULO 7

MOCHILAS, ARMÁRIOS E SEU POLVO DA ATENÇÃO

Imagine um polvo da atenção com braços que saem da sua mochila e alcançam o seu armário da escola.* Parece estranho? Confie em mim!

Sua mochila é provavelmente bem menor do que o seu armário. Isso é bom, porque você tem que carregar sua mochila por aí (já tentou carregar um armário? Não tente). Mas há uma desvantagem na mochila: não dá para colocar muita coisa como em um armário.

Armários são geralmente maiores do que mochilas, conseguem guardar muito mais coisa. Podemos decorar as paredes e a porta do armário. Mas ele também tem uma desvantagem: não está sempre por perto quando precisamos. Temos que andar até ele para pegar o que queremos.

---

* Tudo bem, talvez você não tenha um armário na escola. Ou tem, mas ele é muito pequeno. Não importa, faça de conta que você tem um armário grande em que pode colocar suas coisas, se precisar.

Mochilas versus *armários. Qual deles devemos usar?*

Por que estamos falando de mochilas e armários?

Você adivinhou. São metáforas. Nosso cérebro armazena informações como uma mochila e um armário. Para isso, ele utiliza dois sistemas diferentes: **memória de trabalho** e **memória de longo prazo**.[1]

Sua memória de trabalho é como sua mochila. É pequena e não guarda muita coisa. Pior ainda, as coisas podem cair de dentro dela. Mas ela é prática e guarda aquilo com que você está trabalhando conscientemente. É por isso que é chamada memória de trabalho.

Seu armário é como sua memória de longo prazo. Está na retaguarda, no final do corredor. Conseguimos armazenar muito mais informação no armário do que na mochila. Mas às vezes o armário está tão cheio que é difícil encontrar o que estamos procurando.

Memória de trabalho:
apresentando seu polvo da atenção

Vamos explorar sua mochila mental, ou seja, sua memória de trabalho. Imagine que um pequeno polvo da atenção mora em sua mochila. O polvo permite que você mantenha ideias em sua mente. Ele solta pequeninas faíscas elétricas na ponta de seus braços. É assim que ele "conversa" com os neurônios.

O polvo da atenção é outra metáfora. Como já sabemos, as metáforas são uma ótima maneira de aprender.

Seu polvo da atenção, ou seja, sua memória de trabalho, mora na região frontal do seu cérebro. Ele fica em seu córtex pré-frontal, acima dos seus olhos.

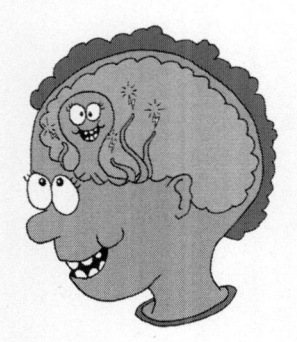

Seu polvo da atenção mora em sua mochila mental — ou seja, sua memória de trabalho. Ele tem quatro braços para segurar a informação com a qual você está trabalhando.

Seu polvo da atenção te ajuda a segurar informação em sua memória de trabalho. Ele lida com coisas que estão em sua mente agora. Se você for apresentado a três pessoas, Maria, Sara e João, seu polvo usará os braços para segurar esses nomes em sua mente.

Espere. O nome dela era Maria? Ou Mariana? Os braços do polvo são um pouco escorregadios. A informação pode escapar. É por isso que repetimos o que queremos lembrar temporariamente, como nomes. "Maria, Maria, Maria." Ou números de telefone e a lista de coisas que sua mãe pediu para você fazer. Assim ajudamos nosso polvo a segurá-los, talvez somente até conseguirmos anotar (na verdade, anotar é um jeito de ajudar o polvo a segurar a informação!).

Seu polvo da atenção é diferente de polvos comuns. Ele é elétrico e tem apenas quatro braços, por isso consegue segurar apenas quatro coisas de cada vez. Os psicólogos dizem que, geralmente, há quatro "compartimentos" na memória de trabalho. Mas acho que braços de polvo são metáforas melhores.[2]

Aqui está um exemplo de uma lista mental: passear com o cachorro, limpar o quarto, encher o saco do meu irmão, fazer a lição de casa. Se adicionarmos mais itens provavelmente vamos esquecer. O polvo da atenção não tem tantos braços assim.

Quando você não está focado em algo específico, o polvo solta a informação e cochila. Ele fica esperando você acordá-lo e colocá-lo para trabalhar novamente.

Quando você não está focado em algo específico, o polvo solta a informação e cochila.

Como acordar seu polvo da atenção? Concentrando-se na informação. Já esqueceu um nome logo após ouvi-lo? Você não estava concentrado. Se o polvo está dormindo, ele não agarra a informação.*

---

* A propósito, seu polvo da atenção está dormindo no modo difuso. Porém, os braços dele ainda conseguem fazer uns disparos aleatórios e estabelecer novas conexões. É daí que surge a criatividade!

Desafios mentais como montar este quebra-cabeça, ou resolver um problema de matemática, podem manter seu polvo da atenção bastante ocupado.

Quando você está aprendendo algo novo, sua memória de trabalho fica agitada com a atividade elétrica.[3] Seu polvo da atenção fica ocupado, com os braços emaranhados. Abaixo está uma figura do seu polvo da atenção quando você está focado em aprender algo difícil, como um problema de física, um novo conceito de biologia ou a tradução de uma frase em alemão.

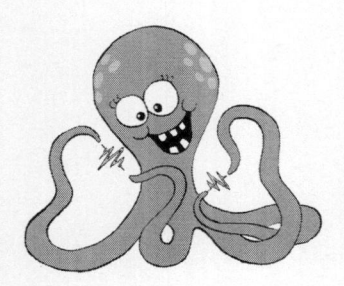

Aprender algo novo faz seu polvo da atenção trabalhar de verdade!

Todo mundo tem um polvo da atenção. Mas cada polvo é um pouco diferente dos demais. A maioria tem quatro braços, mas alguns podem ter cinco ou até mais. Esses conseguem segurar mais informações. Alguns polvos têm apenas três braços e não conseguem segurar muita coisa. Alguns têm braços que conseguem agarrar bem firme e a informação gruda facilmente. Outros têm braços mais escorregadios e a informação fica deslizando.[*] Que tipo de polvo é o seu? Não se preocupe se ele tiver menos braços ou braços escorregadios. Isso pode parecer ruim, mas em alguns casos é muito útil.

---

* Quando as pessoas ficam mais velhas, com sessenta anos ou mais, a força do polvo diminui. Mas como veremos no Capítulo 14, videogames de ação podem ajudar a recuperar a força perdida. Pesquisas demonstraram que os videogames podem fazer as habilidades de atenção de um idoso voltarem a ser como as de uma pessoa de vinte anos!

Seja como for, seu polvo fica cansado. Ele segura a informação por um tempinho apenas, talvez de dez a quinze segundos. Então a informação começa a escapar, a não ser que você se concentre ou a repita para mantê-la em mente. Se você quer se lembrar da informação por bastante tempo, ela tem que ir para outro lugar. Um lugar mais seguro do que a memória de trabalho. O que fazer?

Memória "armário" de longo prazo

Felizmente, seu cérebro conta com outro sistema de memória: memória de longo prazo. Ela é como o seu "armário". Você consegue armazenar muito mais informação em seu armário. É como uma caixa mágica: pequeno por fora, mas imenso por dentro. É impossível usar todo o espaço. O rosto de seus amigos estão lá, suas piadas favoritas, o layout da sua escola. E um monte de fatos e conceitos. Qualquer coisa que você se lembre de seu passado está na sua memória de longo prazo. Onde ela fica em seu cérebro? Não é como sua memória de trabalho, cuja maior parte está em apenas uma área. Ela é bem mais espalhada.

Cada pedaço de informação é uma corrente cerebral. Informações simples formam correntes pequenas. Informações mais complicadas são compostas por correntes mais compridas e complexas.

Mas como colocamos algo novo em nossa memória de longo prazo? Como formamos correntes cerebrais? Existem truques simples para ajudá-lo a lembrar com mais facilidade?

Sim! Começaremos a aprender alguns truques no próximo capítulo.

Pausa para recordar

Quais foram as ideias principais deste capítulo? Quase ninguém consegue se lembrar de muitos detalhes, isso é normal. Você ficará surpreso ao constatar como seu aprendizado progride rápido quando você coloca as ideias principais em algumas correntes cerebrais principais.

Marque este quadrado quando terminar: ☐

Agora tente! Estude novamente no dia seguinte

Lembra-se da metáfora de Shakespeare "O mundo inteiro é um palco"? Faça sua própria peça sobre uma mochila, um armário e um polvo da atenção! Você pode ensaiar em frente a um espelho. Melhor ainda, encene a peça com seus amigos. Use a peça para explicar os diferentes sistemas de memória e como eles trabalham juntos com o polvo da atenção e com correntes cerebrais para nos ajudar a organizar nossa aprendizagem.

RESUMINDO

- Você tem **dois sistemas de memória**: memória de trabalho e memória de longo prazo.
- A **memória de trabalho** está envolvida com o que você está pensando conscientemente naquele momento.
- O sistema de memória de trabalho está localizado principalmente em seu córtex pré-frontal.
- Você pode pensar em sua memória de trabalho como um "polvo da atenção" que geralmente tem quatro braços. **Isso explica por que sua memória de trabalho consegue segurar apenas uma quantidade limitada de informação.**

- A **memória de longo prazo** está espalhada pelo seu cérebro. Você tem que "alcançá-la" com os braços do seu polvo da atenção. Sua memória de longo prazo tem um espaço de armazenamento quase infinito. Mas você precisa explorá-lo com prática e criando um processo.

CONFIRME SEU ENTENDIMENTO

1. Em que sua memória de trabalho é semelhante a uma mochila?
2. Onde seu polvo da atenção "mora" em seu cérebro?
3. Quantos itens de informação a memória de trabalho consegue segurar?
4. Em que sua memória de longo prazo é semelhante a um armário?
5. Em que parte do cérebro fica sua memória de longo prazo?

(Quando tiver terminado, compare suas respostas com as que estão no final do livro.)

Você passeou pelas figuras, olhou as perguntas ao final e seu caderno. Está preparado para o próximo capítulo? ☐

CAPÍTULO 8

TRUQUES LEGAIS PARA DESENVOLVER SUA MEMÓRIA

Nelson Dellis era uma criança perfeitamente normal. Ele esquecia aniversários, compras e nomes. O que fosse possível esquecer, ele esquecia. Seu pai chegou em casa um dia e encontrou uma salsicha queimando no fogão. Nelson havia esquecido que estava cozinhando.

Mas alguns anos depois, aos 31, Nelson estava no Campeonato de Memória dos Estados Unidos. Estava na fase final da competição. Seus adversários ferozes haviam ganhado dele de manhã, batendo recordes enquanto memorizavam rapidamente cartas e números. Nelson tinha estabelecido um novo recorde para nomes (201 nomes em quinze minutos). Mas ainda estava atrás. Então foi para a última rodada à tarde precisando de toda a capacidade de sua memória para ter qualquer esperança de ganhar. Ele tinha que memorizar a ordem exata de dois baralhos (104 cartas!).

Será que Nelson poderia mesmo tornar-se campeão da memória?

É possível deixar de ser uma pessoa esquecida e se transformar em um atleta da memória?

Nelson Dellis tinha uma memória fraca e tornou-se um campeão da memória. Como ele fez isso?

Examinando a memória de longo prazo

Nós já aprendemos bastante sobre o polvo de sua mochila, sua memória de trabalho. Neste capítulo, vamos observar melhor o que acontece dentro do seu armário, ou seja, em sua memória de longo prazo.

Sua memória de longo prazo tem duas partes:

1. Um tubo de pasta de dentes que fica em uma prateleira do seu armário.
2. O resto do seu armário.

Hein? Um tubo de pasta de dentes e o resto do armário?

Essas são nossas metáforas para as duas partes de sua memória de longo prazo. A ideia principal é que colocar coisas dentro do tubo é difícil (já tentou?). Por outro lado, é superfácil colar uma foto na parede do armário.

Um tubo de pasta de dentes é como a parte "fato" de seu armário, ou seja, sua memória de longo prazo. É difícil colocar coisas dentro de um tubo de pasta de dentes!

Assim como o polvo da atenção retira informação da memória de longo prazo, ele também coloca informação dentro dela. O polvo decide onde colocar a informação conforme o tipo, se é **fato** ou **imagem**.[*][1] Para o cérebro, guardar fatos é como guardar coisas dentro de uma pasta de dentes. Então, se a informação é um fato, o polvo tenta espremê-la para dentro do tubo. Como você pode imaginar, é uma batalha! Porém, se a informação é uma imagem, o polvo simplesmente gruda essa imagem na parede do armário. Pronto!

---

* Os psicólogos chamam essas duas categorias de semântica (fatos) e episódica (imagens).

O que quero dizer com fato? Pode ser algo como uma data. Por exemplo, o ano em que o chip de silício foi inventado, 1959.* Ou a tradução da palavra "duck", que em português significa "pato".

Esses tipos de fato são abstratos. Não é fácil imaginá-los. Isso é que os torna difíceis de armazenar.

As informações do tipo imagem são muito mais fáceis de lembrar. Quantas cadeiras ficam em volta da sua mesa da cozinha? Você consegue imaginar sua mesa da cozinha e contar as cadeiras em volta. Você também consegue descrever o caminho que percorre até o mercado.

Aqui está o truque. Se você converter um fato que está tentando lembrar em uma imagem, conseguirá se lembrar dele mais facilmente. E se a imagem envolver movimento fixará com ainda mais firmeza.

É isso que Nelson faz!

Cinco dicas do Nelson para se lembrar das coisas

Nelson Dellis tem agora uma ótima memória porque ele trabalhou muito para desenvolvê-la.† E ele tem dicas úteis para se lembrar de praticamente qualquer coisa. Poemas, números, discursos, palavras em língua estrangeira. Perguntei ao Nelson quais eram suas dicas principais para manter uma informação em sua cabeça e se lembrar dela por bastante tempo. A seguir estão as recomendações dele.[2]

---

* O chip de silício é o equivalente de um neurônio do computador.

† O livro do Nelson *Remember it!* é muito bom (foi escrito para adultos).

Diga a si mesmo para prestar atenção quando quiser se lembrar de alguma coisa.

1. *Foco — preste atenção!* Parece óbvio, mas não se esqueça de focar. Diga a você mesmo que o que está memorizando é importante. Isso ajuda muito. Concentre-se o máximo que puder no que está tentando lembrar. Quanto mais você fizer o exercício de comandar sua concentração, melhor esta vai ficar!

2. *Prática.* Segundo Nelson, "você não fica bom em nada se não praticar. Isso vale para *qualquer coisa no mundo.*" Então pratique o *se lembrar das coisas,* sejam elas fatos sobre biologia para a aula, listas de coisas a fazer ou o número de telefone dos seus amigos (você pode surpreendê-los já que quase ninguém decora número de telefone hoje em dia).

3. *Imagine as coisas.* Sua memória é muito melhor para imagens do que para fatos abstratos. Transforme tudo o que está memorizando em uma imagem que consiga visualizar em sua mente. "Seu cérebro guarda isso na hora", afirma Nelson. Se adicionar movimento à imagem, esta será fixada ainda melhor. Um gorila é uma coisa. Um gorila dançando tango é outra.

4. *Armazene.* Encontre uma maneira de relacionar a informação a coisas que você já conhece. Encontre uma âncora. Isso permitirá que você coloque a imagem em lugares do seu cérebro que são fáceis de recuperar. Mesmo coisas simples como ligar o nome e o rosto de uma pessoa nova a alguém que você já conhece é uma boa estratégia de ancoragem (o nome dele é Daniel, como meu tio, mas ele é muito mais baixo). Há outras formas de armazenar informação que permita recuperá-las facilmente da memória. Descreveremos algumas delas adiante.

5. *Recorde, recorde, recorde.* Todos os passos anteriores nesta lista fazem a informação entrar facilmente em sua cabeça. Mas este último passo de recordar ativamente, em que você repetidas vezes traz a informação à mente, é o que armazena com segurança na memória de longo prazo. Você terá que recordar várias vezes no início, mas com cada vez menos frequência conforme o tempo passa. Cartões de memorização, ou flash cards, são valiosos aqui. *Quizlet* é um aplicativo famoso de flash cards — também oferece ditados, traduções, testes e jogos.

Como Nelson mesmo diz, se você tem dificuldade para se concentrar, exercitar técnicas de memorização faz com que sua capacidade de concentração melhore. E a de memória também! Concentração e memorização reforçam-se reciprocamente.

Para exemplificar, vamos supor que você tenha que lembrar que a Proclamação da Independência do Brasil ocorreu em 1822. Para se lembrar desse ano, você pode imaginar que está em sua festa de aniversário de 18 anos e que na piscina há dois patos nadando.

Basicamente, Nelson cria brincadeiras visuais bobas que o ajudam a lembrar.

É muito fácil nos lembrarmos das coisas quando temos uma forma tosca de pensar nelas. E é divertido inventá-las!

Vejamos outro exemplo. Na astronomia, sabemos que existem oito planetas em nosso Sistema Solar (desculpa, Plutão!). Talvez consigamos nos lembrar de todos se pensarmos um pouco, mas lembrar a ordem deles a partir do sol não é tão fácil.

Para realmente ter na cabeça a sequência dos planetas, é necessário memorizá-los na seguinte ordem:

1. Mercúrio
2. Vênus
3. Terra
4. Marte
5. Júpiter
6. Saturno
7. Urano
8. Netuno

Podemos repetir esses nomes dezenas e dezenas de vezes e, ainda assim não decorar a sequência. Precisamos de um truque.

Imagine que você está morrendo de fome e sabe que no restaurante ao lado de casa há um nhoque delicioso, preparado por uma tímida senhora, que é servido para apenas cinco clientes por dia. Você chega e pergunta quantos nhoques já foram servidos e o filho dela responde: "Minha Velha e Tímida Mãe Já Serviu Um Nhoque!"

A primeira letra de cada palavra na frase representa a primeira letra de cada um dos planetas. Isso é chamado de mnemônico. Se você sabe o mnemônico, consegue escrever a sequência no início da prova. Isso vai te dar as informações que precisa para resolver as suas questões de astronomia básica. Foi necessário recorrer à culinária italiana, mas funciona!

A técnica do palácio da memória

Nelson Dellis cria imagens malucas em competições da memória. Mas ele faz mais do que isso. Para conseguir vencer, ele tem que se lembrar de várias coisas doidas. Centenas. E ainda tem que colocá-las na ordem correta.

Para isso ele usa a técnica do "palácio da memória", que utiliza um lugar familiar como ferramenta para memorização. Essa técnica existe há cerca de 2.500 anos. Um famoso escritor romano chamado Cicero usava-a para memorizar seus discursos. Pesquisas recentes mostraram que utilizar essa técnica muda o cérebro e ajuda a melhorar a memória.[3]

Pense em um lugar que você conhece bem, como a sua casa. Agora coloque mentalmente as coisas que você precisa memorizar em lugares da sua casa conforme for andando por ela. Imagine cada uma delas de um modo bobo ou surpreendente e adicione um pouco de movimento a elas. Em seguida, imagine que você está andando pela casa e vendo ou até mesmo falando com essas coisas.

Digamos que você precise se lembrar de alimentos. Leite, pão e ovos.

Imagine encontrar uma garrafa gigante de leite, que lhe escancara um sorriso quando você entra pela porta da frente.

"Olá, Sr. Leite. Você está especialmente enorme hoje", você diz.

Então, na sala de estar, pense em um pão deitado no sofá.

"Sr. Pão, você está muito folgado. Não tem coisa melhor para fazer do que ficar aí deitado?"

Vá até a cozinha. Quando abrir a porta, uma caixa de ovos cai do alto dela, em sua cabeça. Seu irmão está rindo de você, foi ele quem colocou os ovos lá. Deixo você decidir o que dizer para ele.

Entendeu a ideia? Quanto mais vívidas e absurdas as imagens forem, melhor! Você pode usar um palácio da memória para palavras em espanhol que comecem com a letra a, outro para palavras que comecem com a letra b, e assim por diante. Pode criar outro palácio para lembrar-se de palavras-chave de uma apresentação que vai fazer. Palácios da memória podem ser usados para lembrar-se de séries longas de números ou de cartas que já apareceram em um jogo de baralho.

O layout da sua casa funciona como um bloco de notas mental.

O número de palácios da memória que você pode construir é imenso; você pode usar um mapa de sua cidade ou país, o layout da sua escola, um lugar onde gosta de caminhar ou cenários do seu jogo de videogame preferido. A técnica do palácio da memória é uma das melhores para desenvolver sua capacidade de memorização. Outra coisa boa é que quando estiver entediado, quando está esperando um professor, por exemplo, você pode revisitar alguma parte do seu palácio para fortalecê-lo. Lembre-se, pode revisitar seu palácio a partir de direções diferentes, inclusive de trás para a frente!

Por que isso funciona?

Essa técnica antiga funciona porque seu cérebro é fantástico para lembrar-se de lugares e direções. Fazem parte da porção "imagem" da sua memória de longo prazo. Os cientistas chamam isso de memória visuoespacial. E ela tem um tamanho imenso! Algumas pessoas precisam de um pouco mais de prática para utilizar esses poderes, mas eles estão lá.

Essa parte da nossa memória é muito melhor em se lembrar de lugares e direções do que de fatos aleatórios. Pense em um homem da Idade da Pedra. Ele precisava lembrar-se dos caminhos que tinha que percorrer. Isso era muito mais importante do que saber nomear as pedras. "De que me importa que tipo de rocha é chamada quartzo? Eu quero é saber onde fica minha caverna!"

Quando foi a última vez que você foi incapaz de lembrar o caminho da escola? Ou onde fica a sala de casa? Acho que esse tipo de informação é bem difícil de esquecer. Quando você tenta se lembrar de coisas aleatórias, precisa conectá-las a coisas que conhece bem. Como as ruas em volta de casa. Assim fica muito mais fácil recordar. Como Nelson disse, você também tem que se concentrar nos itens aleatórios enquanto estiver colocando-os em seu palácio da memória. É mais difícil no começo, mas você se acostuma rápido.

Mais estratégias da memória

Há outras coisas que você pode fazer para tornar informações difíceis mais memoráveis:

- **Invente músicas sobre a informação da qual quer se lembrar.** Às vezes alguém já fez isso por você. Se digitar no Google "músicas para aprender química", por exemplo, verá que existem várias (mas não cante em voz alta durante a prova!).
- **Crie metáforas para a informação da qual está tentando se lembrar.** Você sabe que adoramos isso. Pense em semelhanças entre o objeto ou a ideia que quer lembrar e algo que já conhece. Você pode tentar desenhar. A figura abaixo mostra como as ligações químicas do benzeno são como macacos segurando as mãos e os rabos uns dos outros.

As ligações químicas do benzeno são como macacos segurando as mãos e os rabos uns dos outros.

- **Faça boas anotações.** Contaremos mais sobre isso depois, mas escrever (não digitar) anotações sobre o assunto que está aprendendo ajuda a guardar a informação.
- **Imagine que você é o objeto ou a ideia que quer memorizar e entender.** Como é ser uma estrela? Ou um continente? Ou uma geleira? Ou uma árvore crescendo à luz do sol? Pode parecer um pouco bobo, mas funciona! Escreva algo criativo sobre o ciclo de vida de uma formiga ou qualquer assunto que esteja estudando.
- Há quem ache que **associar números a formas ou personagens conhecidos** ajuda a torná-los mais simpáticos e verdadeiros. O número "2", por exemplo, tem a forma de um cisne, enquanto o "5" tem uma curva parecida com a de uma cobra. Dar personalidade aos números torna mais fácil criar histórias que ajudam a memorizá-los. É mais fácil lembrar-se do "52" quando ele é uma cobra ameaçando um cisne.
- **Ensine para alguém.** Faça sua mãe, seu pai ou seu amigo se sentar para ouvir sua explicação sobre memória de trabalho e de longo prazo. Olhe suas anotações primeiro se precisar. Depois tente sem olhar. Recordar é uma das melhores maneiras de colocar a informação em seu cérebro e explicar para alguém é uma das melhores maneiras de recordar.
- Não se esqueça de que dormir é fundamental para fixar as ideias que está aprendendo.

Algumas das sugestões deste capítulo requerem que você seja criativo. Alguns podem dizer: "Mas eu não sou uma pessoa criativa!" Talvez não no momento. Mas, como todo o resto, você melhora ao praticar. Adolescentes são sempre criativos. Às vezes eles esquecem como fazer, mas sempre podem reativar a criatividade!

Dica de aprendizagem: O método do patinho de borracha

Um ótimo jeito de aprender algo é explicá-lo para um objeto. Um pato de borracha, por exemplo, é um ótimo ouvinte. Explique o que está aprendendo para o pato ou para outro objeto que escolher. Isso ajuda a entender ideias difíceis e complexas. A técnica do pato de borracha é tão eficaz que é usada por programadores. Eles explicam para o patinho, linha por linha, o que o programa deveria fazer. Assim, conseguem identificar onde estão os problemas no código.[4]

Finalizando a memória

Provavelmente agora você já entendeu algumas das técnicas que Nelson usou para se tornar campeão da memória.

Então Nelson venceu a Competição de memória dos Estados Unidos?

Sim! Não apenas venceu, mas venceu quatro vezes! Ele declarou:

> *Eles eram mais rápidos e melhores do que eu com certeza, mas na última prova (memorizar dois baralhos de cartas) eu prossegui devagar e constante, para garantir que memorizaria as 104 cartas perfeitamente. No final, eles foram saindo e eu fiquei. Então eles vacilaram e eu venci de novo.[5]*

Aprendemos técnicas valiosas neste capítulo, que podem ajudá-lo a mover informações para sua memória de longo prazo.

Mas como nos tornamos realmente especialistas em alguma coisa?

No próximo capítulo, minha filha mais nova mostrará algumas ideias para se tornar um especialista. Ou não. Você verá que ela teve alguns problemas ao dirigir.

Agora tente! Estude novamente no dia seguinte

Nelson Dellis apresentou cinco dicas para armazenar algo na memória. Você consegue criar um palácio da memória e guardar essas dicas em sua memória de longo prazo? Pense na lista de dicas, depois feche o livro e veja se consegue se lembrar dela.

RESUMINDO

- A informação é armazenada na memória em duas categorias: **fatos e imagens. Imagens** são muito mais fáceis de lembrar.
- As cinco dicas de Nelson Dellis são:

1. **Concentre-se** no que está tentando lembrar.
2. **Exercite** a memória.
3. Transforme o que está tentando lembrar em uma **imagem**.
4. **Guarde** a imagem conectando-a a coisas que você já conhece.
5. Use a técnica de **recordar ativamente** para fixar a ideia.

- **Palácios da memória são úteis** porque utilizam seus incríveis poderes visuoespaciais. Exercite utilizar sua memória e ficará cada vez mais fácil.
- Cinco outras maneiras de ajudá-lo a lembrar são:

1. Invente uma **música**.
2. Crie **metáforas**.
3. **Faça boas anotações**, de preferência escrevendo à mão.
4. **Imagine** que você é a coisa que está tentando entender e memorizar.
5. **Compartilhe suas ideias**. Ensine-as para alguém.

CONFIRME SEU ENTENDIMENTO

1. É possível ser capaz de desenvolver uma boa memória mesmo se você sempre teve uma memória ruim? Se sim, como?
2. Explique a técnica do palácio da memória.
3. Explique as diferenças entre os dois modos de armazenar informação na memória de longo prazo.
4. Transformar um fato em uma imagem torna-o mais fácil de lembrar. O que podemos fazer com a imagem para que se fixe ainda melhor na memória? Dê um exemplo.

(Quando tiver terminado, compare suas respostas com as que estão no final do livro.)

Você passeou pelas figuras, olhou as perguntas ao final e seu caderno. Está preparado para o próximo capítulo? ☐

CAPÍTULO 9

POR QUE CORRENTES CEREBRAIS SÃO IMPORTANTES

(e como não enfiar o carro numa vala)

Esta é minha filha Rachel. Perceba como ela parece confusa. Está aprendendo a dirigir na marcha a ré. Andar de ré é difícil! Pelo menos no começo. É preciso olhar no retrovisor, por cima do ombro ou para a frente? Muita coisa para pensar! Para ir na direção certa, temos que virar o volante para a *direção errada*.

Era assim que minha filha mais nova, Rachel, ficava quando estava aprendendo a dirigir na marcha a ré. Muito confusa.

Por que estou contando isso? Porque neste capítulo, vamos mostrar que construir correntes cerebrais fortes é mais importante do que você pensa.[1] Por quê? Porque correntes cerebrais te ajudam a lidar com informações complexas de forma rápida.

E queremos saber o que aconteceu com Rachel e com o carro!

Só para lembrarmos, uma corrente cerebral é composta por aquelas espinhas dendríticas-conexões sinápticas com axônios. A corrente cerebral é formada em sua memória "armário" de longo prazo quando você aprende bem um conceito ou ideia. Quando a corrente cerebral é forte, seu polvo da atenção consegue agarrá-la eletricamente e conectá-la à sua memória de trabalho com facilidade.

É fácil para seu polvo da atenção agarrar uma corrente cerebral forte.

Sua memória de trabalho fica ocupada quando você está tentando entender algo pela primeira vez. Todos os quatro "braços" do seu polvo da atenção ficam fazendo malabarismos com as informações, tentando juntar as ideias para que se conectem e façam sentido.

Sua memória de trabalho está tentando criar uma nova corrente cerebral.

Essa criação acontece por etapas. Primeiro, sua memória de trabalho entende um conceito novo. Você então exercita o conceito novo. Algum tempo depois, se torna natural e familiar. Isso é porque você criou a corrente cerebral, ou seja, um padrão novo, muito bem conectado, em sua memória de longo prazo. Suas espinhas dendríticas e sinapses estão conectadas, um neurônio alcançando o próximo.

É fácil para seu polvo da atenção conectar-se com firmeza a uma corrente cerebral.[2] Para fazer isso, um de seus braços desliza para fora da mochila. O braço rasteja pelos corredores da sua mente até o seu armário da memória de longo prazo. Lá, ele dá um choque elétrico na corrente cerebral que precisa. *Zap!* — uma conexão é formada. Subitamente, seu polvo conectou a corrente cerebral ao seu córtex pré-frontal, sua memória de trabalho. O polvo criou um caminho para que a informação armazenada em seu armário chegue à sua mochila. Agora você pode usar a informação. Fácil!

Quando a informação está perfeitamente conectada, seu polvo consegue "puxar" uma corrente cerebral cheia de informações com apenas um braço.

Os outros três braços da memória de trabalho ficam livres. Você consegue pensar ou fazer outras coisas com esses braços livres. Por exemplo, pode usá-los para agarrar outras correntes cerebrais. É assim que conseguimos conectar ideias ou ações complicadas.

Seu polvo da atenção consegue puxar facilmente uma corrente cerebral que você construiu com muita prática.

Seu polvo consegue segurar apenas quatro correntes cerebrais, mas elas podem estar conectadas a outras correntes. Assim ele pode segurar oito, dez ou cinquenta correntes cerebrais! É por isso que especialistas conseguem processar muitas informações e responder perguntas complexas, ainda que tenham apenas quatro compartimentos na memória de trabalho.

Sua memória de trabalho (seu polvo) tem que trabalhar como um louco se você não tiver uma corrente cerebral para ajudá-lo.

Quando você tem uma corrente cerebral, ela pode descansar em seu armário enquanto seu polvo relaxa ou faz algo diferente.

Quando seu polvo precisar dessa corrente, irá buscá-la. Assim que tocar a corrente, dispara o sinal elétrico.

Com a prática, você consegue conectar as correntes e formar correntes cerebrais mais longas.

Especialistas em história, dança, xadrez, pilotar aviões, matemática ou ciências têm uma coisa em comum. Todos formaram boas correntes cerebrais, tanto curtas como longas, com conexões fortes. E essas correntes podem facilmente ser conecta-das a outras. O especialista consegue arrastar instantaneamente grandes quantidades de informações interconectadas com os braços do seu polvo da atenção.

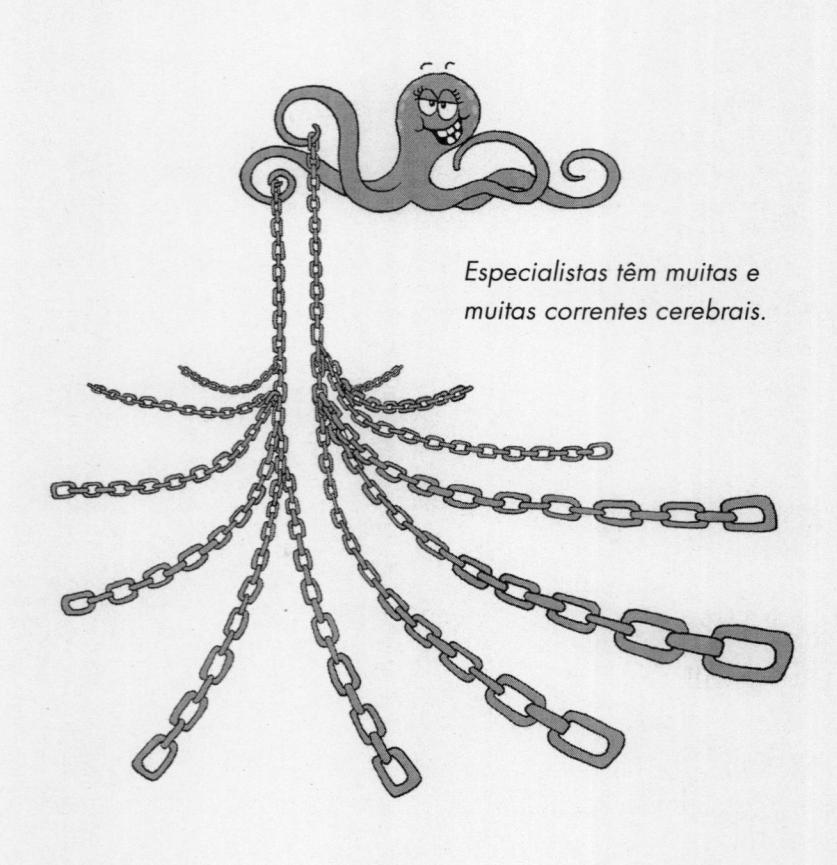

Especialistas têm muitas e muitas correntes cerebrais.

Mas apenas *entender* um conceito não cria uma corrente cerebral. É necessário praticar o conceito novo para criá-la. *Entendimento e prática caminham juntos.* Quanto mais praticar, mais entenderá o que está aprendendo.[3]

Também devo ressaltar que, embora entender seja importante, pode acontecer de dármos ênfase demais nisso.[4] Mestres do xadrez, médicos de pronto-socorro, pilotos de caça e muitos outros especialistas frequentemente desligam seu pensamento consciente e confiam em sua bem-desenvolvida biblioteca de correntes cerebrais.[5] A certa altura, o entendimento autoconsciente do porquê fazemos o que fazemos nos atrasa e interrompe a fluidez, resultando em decisões piores ou em mais dificuldade para resolver problemas.

Tentar entender um conceito a partir de várias perspectivas diferentes antes que ele esteja solidamente conectado pode deixá-lo ainda mais confuso. Isso é comum em áreas como matemática. Um pouco de prática extra em matemática com programas como Smartick e Kumon podem ajudar a construir correntes cerebrais que reforçam o entendimento de forma mais aprofundada. Programas como esses são cuidadosamente elaborados para que você domine gradualmente cada pedacinho do conteúdo antes de prosseguir. Essa abordagem é chamada "aprendizagem para o domínio" — uma ótima maneira de aprender.[6]

Vamos voltar à minha filha Rachel. No início do capítulo, ela estava aprendendo a dirigir na marcha a ré. Ela ficava estressada com isso! Achava que nunca conseguiria. Mas praticou muito, sempre corrigindo e refazendo cada vez que errava. Por fim, construiu uma linda corrente cerebral para "dirigir em marcha ré". Sua trilha mental ficou firme e forte. Ela a construiu ao dirigir na marcha ré muitas vezes e em muitos lugares diferentes. E agora consegue fazer isso com facilidade. Sua corrente cerebral para "dirigir em marcha a ré" aliada a suas outras correntes para dirigir carros fazem dela uma excelente motorista.

Rachel teve que se concentrar atentamente enquanto tentava aprender pela primeira vez. Seu polvo da atenção trabalhava ao máximo e usava todos os braços para processar as diferentes etapas. Não havia braços para segurar nenhuma outra informação.

Mas agora que ela já criou as correntes, basta pensar "Quero dar ré". O braço do seu polvo da atenção desliza até o armário da memória de longo prazo e dispara um choquinho ao agarrar a corrente para "dirigir em marcha a ré". O que era difícil virou fácil!

Rachel consegue dirigir na marcha a ré com facilidade agora. Veja como ela parece feliz!

A habilidade de Rachel deixa três braços de sua memória de trabalho livres para fazer outras coisas enquanto ela dirige em marcha a ré, como ouvir música ou verificar se apertou o cinto de segurança.

Rachel ficou tão boa nisso que na maioria das vezes ela dirige em modo zumbi.

A não ser que algo fora do comum aconteça...

Sobrecarga de informação

Mas e se alguém estacionar na vaga dela no momento em que ela está dando ré? Repentinamente ela precisa sair do modo zumbi e pensar na situação de um jeito diferente. Ela vai precisar de todos os braços do seu polvo e tem que parar de pensar em qualquer outra coisa. Do contrário, não vai conseguir segurar tudo e pode até bater o carro!

Se a memória de trabalho tem muito para segurar, fica difícil entender as coisas. Ficamos confusos (os psicólogos chamam de *esforço cognitivo*.[7] É a quantidade de esforço mental utilizado pela memória de trabalho. É difícil colocar mais coisas na memória de trabalho se já há outras coisas acontecendo ali).

Quando estamos aprendendo algo novo, a memória de trabalho consegue segurar apenas esse tanto por vez. Por isso é tão importante construir correntes cerebrais fortes e bem exercitadas.

Memórias são feitas assim
(a não ser que você esteja distraído!)

Então, seu polvo da atenção tem duas particularidades. Ele só acorda e começa a trabalhar se você estiver concentrado. E tem um número limitado de braços.

A distração torna as coisas difíceis para seu polvo. É como colocar um dos braços dele em uma tala.

Digamos que a televisão esteja ligada enquanto você estuda. O som captura um pouco de sua atenção. Ele usa um dos braços do seu polvo mesmo que você pense que não está prestando atenção.

Se há distrações quando você está tentando estudar, um dos braços do seu polvo fica imobilizado.

Se você está distraído, sua memória de trabalho não funciona tão bem.[8] Seu polvo fica com menos braços disponíveis para segurar as coisas (imagine tentar descascar uma laranja com apenas uma das mãos).

Além disso, trocar o foco de atenção deixa seu polvo cansado. Ele tem que soltar a primeira informação e pegar a outra.

Digamos que você esteja fazendo sua lição de casa. Seu amigo entra e começa a falar sobre o almoço. Seu polvo tem que soltar as correntes da lição de casa e agarrar o que seu amigo está dizendo. Quando seu amigo vai embora, ele tem que pegar tudo de novo. Uau! Isso é cansativo.

Então evite "alternar tarefas" e interrupções quando estiver concentrado nos estudos.

Cada vez que você muda o foco de atenção, faz seu polvo segurar e soltar diferentes correntes várias vezes. Isso é cansativo!

Pense em seu smartphone, se tiver a sorte (ou azar) de ter um. Você olha para ele quando está com seus amigos ou familiares? Quando muda sua atenção para o smartphone, você perde o foco naqueles que estão com você. Demora um tempo para voltar à conversa. Você já deve ter percebido isso algumas vezes.

Acontece a mesma coisa com a aprendizagem. Se está resolvendo um problema difícil e começa a olhar seu telefone, é como se você tivesse soltado todas as correntes cerebrais. Quando voltar ao problema, terá que pegá-las novamente. Seu pobre polvo da atenção acha isso muito cansativo.

O domínio traz a curtição

Quando estamos aprendendo algo pela primeira vez, antes de formarmos as correntes cerebrais, o assunto parece difícil e desagradável.

Pense quando aprendeu a andar de bicicleta, por exemplo. No começo era difícil de se equilibrar. Você caiu e talvez tenha se machucado. Quando conseguiu se equilibrar, teve que aprender a não apertar demais os freios e a fazer curva sem cair.

Mas assim que a etapa inicial mais difícil passou, era só subir na bicicleta e pedalar. Você tornou-se um especialista. Fantástico! Isso nos leva a um ponto importante. Às vezes não curtimos alguma coisa porque ainda não a dominamos. Ainda estamos nas fases iniciais do "Como me equilibro na bicicleta?", em que tudo parece muito difícil.

Apenas comece! Os primeiros passos são frequentemente os mais difíceis. Aproveite o processo e espere os resultados.[9]

Ideias principais

Vamos revisar as ideias principais deste capítulo.

Criar correntes cerebrais nos ajuda com pensamentos complicados. Podemos facilmente levantar muitas informações interconectadas. Sem correntes cerebrais nossa mente pode ficar sobrecarregada, como aconteceu com Rachel enquanto tentava dirigir em marcha a ré pela primeira vez.

Quando está aprendendo algo novo, você ainda não criou as correntes cerebrais. Seu polvo da atenção tem que usar os quatro braços e trabalhar muito!

Quando ainda não conectou o material, você pode se sentir confuso. Acha que é incapaz de entender aquilo. É claro que isso não é verdade. Você só precisa começar a criar algumas correntes pequenas. Com a prática, essas correntes vão ficando maiores. Seu polvo conseguirá levantá-las e trabalhar facilmente com elas.

As etapas iniciais do aprendizado de algo novo muitas vezes são as mais difíceis. Construa uma biblioteca de correntes cerebrais e estará a caminho de se tornar um especialista.

No próximo capítulo, você saberá mais sobre Terry Sejnowski. Ele é especialista em neurociência. Porém, você vai descobrir que ele nem sempre foi assim!

Pausa para recordar

Quais foram as ideias principais deste capítulo? Você consegue imaginar algumas dessas ideias em imagens (como a do polvo)? Feche o livro enquanto pensa. Se tiver dificuldade, tente escrever as ideias.

Marque este quadrado quando terminar: ☐

Agora tente! Fique sem o smartphone

Se você tem um smartphone, deixe-o em outro lugar na próxima vez que estiver fazendo o dever de casa. Comprometa-se a deixá-lo lá até terminar o pomodoro. Se não fizer isso, ficará tentado a olhar quando a lição estiver difícil. E retomar o foco ficará mais difícil ainda!

RESUMINDO

- **Uma corrente cerebral é uma trilha de neurônios conectados em sua memória "armário" de longo prazo que é construída por meio da prática. A corrente cerebral ajuda sua memória de trabalho a processar informação mais rapidamente.** Seu polvo da atenção consegue agarrar as correntes cerebrais com facilidade.
- Seu polvo da atenção fica cansado quando tem que mudar o foco de uma corrente cerebral para outra completamente diferente. **Tente evitar distrações e alternar tarefas.**
- Sem correntes cerebrais ficamos confusos quando tentamos colocar muita coisa em nossa mochila mental. **Todos temos um esforço cognitivo máximo**. Há um limite de quanto conseguimos lidar por vez em nossa memória de trabalho.
- **As etapas iniciais do aprendizado de algo novo muitas vezes são as mais difíceis.** Seja paciente e continue trabalhando. Busque aquela satisfação que sentimos quando uma corrente cerebral começa a se formar e conseguimos fazer o que não sabíamos.

CONFIRME SEU ENTENDIMENTO

1. Por que correntes cerebrais são importantes?
2. Explique o que seu polvo da atenção faz.
3. Um bom exemplo de corrente cerebral é amarrar o cadarço do sapato. Quando estávamos aprendendo a amarrar o cadarço, tínhamos que prestar bastante atenção. Mas agora você consegue fazer isso com muita facilidade, enquanto conversa, assiste à televisão ou canta uma música. Cite outra atividade ou conceito que já está em uma corrente na sua memória.
4. O que acontece com seu polvo da atenção se você estuda com a televisão ligada?
5. Por que devemos evitar alternar tarefas?
6. O que devemos fazer com nosso telefone enquanto fazemos a lição de casa? Por quê?
7. Entender um conceito cria uma corrente cerebral?
8. Como nos tornamos especialistas em algo?
9. Se você tivesse que ser salvo de um prédio em chamas, escolheria um bombeiro que apenas assistiu a pessoas serem salvas de prédios em chamas? Ou escolheria um bombeiro que teve treinamento físico de resgate de pessoas em prédios em chamas? Por quê?

(Quando tiver terminado, compare suas respostas com as que estão no final do livro.)

Você passeou pelas figuras, olhou as perguntas ao final e seu caderno. Está preparado para o próximo capítulo? ☐

CAPÍTULO 10

APRENDER COM CLUBES E GRUPOS, ENCONTRAR SUA MISSÃO E COMO TERRY QUASE INCENDIOU A ESCOLA

Olá, meu nome é Terry Sejnowski.* É um prazer conhecer você!

Fui um aluno diferente da Barbara e do Al. Eu era o "cara da ciência" no ensino fundamental, mas não me dava bem com línguas. Eu tinha um laboratório de química no porão de casa e adorava fazer luzes brilhantes, explosões e nuvens de fumaça. Aos 7 anos, fiz um vulcão de papel machê que ativou o alarme de incêndio. Meu colégio teve que ser evacuado. Todos se lembram do dia que eu quase coloquei fogo na escola!

Terry, o encrenqueiro

No ensino médio, eu ficava entediado nas aulas de ciências. Elas eram simples demais para mim, porque eu sabia bastante

---

* A pronúncia do meu sobrenome é "SEINAUSKI".

sobre o assunto. Fazia muitas perguntas, mas me diziam que eu estava atrapalhando a aula. Era um "encrenqueiro" (aliás, só porque você está entediado não significa que a matéria é fácil demais para você. Pode ser que você não esteja tão curioso quanto deveria).

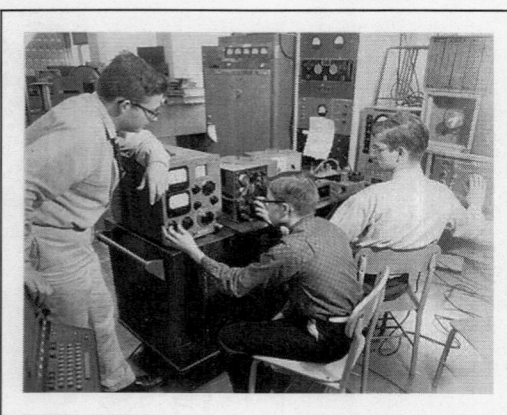

Meus colegas do clube e eu nos preparando para refletir sinais de rádio na lua no clube de rádio da St. Joseph High School em Cleveland. Sou o garoto do meio.

O clube de rádio me salvou. Éramos um grupo de amantes da ciência que adorava se encontrar depois da aula para aprender sobre rádios e a construí-los. Praticávamos enviar sinais usando código Morse. Nós até refletimos sinais de rádio na lua usando antenas que construímos. Finalmente eu podia fazer as perguntas que quisesse!

Uma das melhores maneiras de termos experiências satisfatórias na escola é entrar em um clube ou grupo que façam atividades do seu interesse (se você está em ensino domiciliar, há maneiras de participar de grupos pertencentes ou não a escolas). Não tenha medo de tomar a iniciativa de formar um novo grupo em sua escola (como um grupo do *Aprendendo a aprender*!). Fazer amigos com quem você possa compartilhar as coisas que gosta de fazer é uma excelente forma de desenvolver amizades verdadeiras e de ajudar sua criatividade a florescer.

Eu e os membros do clube ajustando uma antena de rádio no telhado da escola (sou o garoto da esquerda).

Qual é sua missão?

Um dia o professor que supervisionava o clube de rádio me perguntou: "Qual é sua missão?"

Eu não sabia a resposta, mas aquilo me fez pensar sobre o futuro. Eu precisava crescer e encontrar alguma coisa para fazer na vida. E tinha muito interesse por gravidade e cérebros. Como a gravidade se desloca? Por que meu cérebro aprende algumas coisas muito rápido (como física) e outras coisas não (como línguas)?

Eu queria saber naquela época o que sei agora sobre o cérebro e sobre como aprendemos. Eu teria aprendido outras línguas como Barb e Al. Tive aulas de alemão, mas foi só muito depois, quando namorei uma alemã, que aprendi o suficiente para me virar. Talvez eu não estivesse tão motivado no ensino médio.

O que aprendi em Princeton

Tive sorte, e minha carreira na ciência deslanchou. Recebi sábios conselhos de um professor famoso, Carl Anderson. Como Santiago Ramón y Cajal, Carl Anderson ganhou um

Prêmio Nobel (ele descobriu o pósitron*). O professor Anderson me perguntou se eu queria fazer teoria ou experimentação. Eu respondi: "Por que não os dois?" Ele disse que era possível e deu o exemplo de alguém da Caltech, que eu conheci mais tarde.

Receber conselhos de quem você respeita pode ter um grande impacto na sua vida.

Aprendi muito sobre física na pós-graduação,† na Universidade de Princeton. Fiz descobertas empolgantes sobre buracos negros e gravidade. Tive a sorte de ter bons professores e amigos inteligentes. **Ajuda muito trabalhar em problemas difíceis com outras pessoas. Encontre pessoas que deixem você brilhar. Passar tempo com quem tem boas ideias pode impulsionar suas próprias boas ideias!**

Cheguei a um momento decisivo. Havia respondido minhas perguntas sobre física e gravidade. Mas eu ainda não sabia muito sobre o cérebro. Yogi Berra, o filósofo-jogador do time de beisebol New York Yankees, disse uma coisa sensata: "Quando encontrar uma bifurcação na estrada, siga por ela." Eu segui a estrada para a biologia.

---

* O pósitron é como uma versão positiva de um elétron.

† Pós-graduação é a parte mais avançada dos estudos universitários. Quando iniciamos o ensino superior, estudamos durante quatro anos ou mais, dependendo do curso, para obter o diploma de graduação. Depois disso, é possível continuar na universidade para estudos mais avançados na pós-graduação.

Este sou eu em Princeton. Buracos negros competiam por minha atenção com cérebros e outros interesses. Os cérebros venceram.

Entrando no cérebro

Os mistérios do cérebro são tão complexos quanto os do espaço sideral. Como Barb e Al, tive que recomeçar do básico. Foi difícil no começo, porque meus colegas já sabiam muito. Mas eu descobri que meus conhecimentos de física me ajudavam a pensar sobre biologia de formas que outras pessoas não conseguiam. É incrível como os conteúdos se conectam de maneiras inesperadas!

Eu havia lido sobre neurônios em livros. Porém, eles só se tornaram reais para mim durante um curso de verão em Woods Hole, Massachusetts, quando pude vê-los em um microscópio. Essa é uma lição importante. O que aprendemos se torna real quando fazemos alguma coisa com a informação. Transforme-a em ação. Evite simplesmente ler.

Eu gravava sinais elétricos de muitos tipos diferentes de neurônios. O que aprendi no clube sobre sinais de rádio me ajudou muito (nunca sabemos quando o conhecimento que temos será útil).

Cérebros artificiais

Em meu trabalho, uso meu conhecimento de física e biologia para comparar cérebros com computadores. Eles são semelhantes em algumas coisas, mas muito diferentes em outras. Os computadores são incrivelmente rápidos para fazer cálculos e desempenham uma sequência de tarefas na velocidade da luz.

Este sou eu no Salk Institute em La Jolla, Califórnia. O Salk Institute é um dos melhores institutos do mundo em pesquisas sobre neurociência e medicina.

Cérebros são diferentes. Eles são muito mais lentos e trabalham fazendo várias coisas menores ao mesmo tempo, como uma equipe de bilhões de minúsculos computadores trabalhando juntos, que são os neurônios. Como já vimos nos capítulos anteriores, cada neurônio-computador conecta-se aos outros minúsculos computadores através das sinapses. Esse trabalho em grupo permite que os cérebros façam coisas que são muito difíceis para os computadores, como ver e ouvir.

Todos podemos aprender algo sobre como os cérebros são maravilhosos. Trabalhando muito próximo de outras pessoas e pensando bastante sobre como o cérebro trabalha, descobri maneiras de construir "cérebros artificiais" eletrônicos. São computadores que aprendem do mesmo jeito que os cérebros e vão à escola como você (mais ou menos). Eles têm um tipo novo de inteligência artificial (IA) que nunca fica cansada ou entediada. Acho que você ouvirá mais sobre IA em breve. A ficção científica está se tornando realidade!

Os neurocientistas fizeram progressos impressionantes nos últimos trinta anos. Não sabíamos quase nada sobre o cérebro antes disso. Agora sabemos muita coisa, inclusive sobre como o cérebro aprende. Por exemplo, sabemos os efeitos importantes do exercício físico e do sono para a formação de memórias mais fortes. O exercício físico é uma parte importante da minha rotina. Sei que me ajuda a pensar e a aprender muito melhor. Veremos mais sobre isso no próximo capítulo.

Feliz aprendizado!

Pausa para recordar

Quais foram as ideias principais deste capítulo? Será mais fácil recordá-las se você relacioná-las a sua própria vida e objetivos de carreira. Feche o livro enquanto pensa.

Marque este quadrado quando terminar: ☐

RESUMINDO

- **Encontre algo que realmente capture seu interesse na escola.** Encontre sua versão do clube de rádio.
- **Não tenha medo de perguntar.** Se sua escola não tem atividades interessantes para você, pergunte se podem criar alguma coisa. Ou pode começar um clube com ajuda da escola.
- **Esteja pronto para trabalhar em grupo.** Conviva com pessoas criativas e veja quantas ideias você começa a ter.

- **Transforme o que aprender em ação sempre que puder.** Coloque em prática o que aprender nos livros, além de ler sobre o assunto.
- **Encante-se com seu cérebro!** É como ter bilhões de minúsculos computadores trabalhando juntos para você.
- **O aprendizado em uma área pode gerar mais ideias em outras.** As matérias se conectam. Física pode ajudar com biologia, e até com artes ou esportes; também pode ser útil quando você quiser fazer amigos!

Você passeou pelas figuras, olhou as perguntas ao final e seu caderno. Está preparado para o próximo capítulo? ☐

CAPÍTULO 11

COMO FORTALECER SEU CÉREBRO

Em 2015, Julius Yego tornou-se campeão mundial de arremesso de dardo. Ele lançou seu dardo a 92.72 metros de distância. Arremessou com tanta força que até levou um tombo! Mas se levantou depressa para comemorar.

Julius tem uma história extraordinária. Cresceu em uma parte pobre do Quênia, conhecida como vale do Rift. Quando se interessou pelos dardos, teve que fabricá-los ele mesmo com galhos de árvores. No Quênia, o esporte mais popular é a corrida. Não existiam dardos adequados nem treinadores no país inteiro. Julius não tinha sequer os calçados necessários. Mas ele era determinado e ficou melhor a cada ano até ser campeão mundial. Como alguém sem treinador e com pouco apoio conseguiu derrotar atletas de países que investem fortunas no esporte? Vou contar daqui a pouco.

Julius Yego tornou-se campeão mundial em arremesso de dardos. Aprendeu a arremessar de um jeito inusitado.

É claro que parte do sucesso de Julius tem a ver com o fato de ele fazer muito exercício. Este capítulo é sobre isso. O que exercício físico tem a ver com aprendizagem? Muito, e não apenas para aprender a arremessar dardos.

Exercício fortalece seu cérebro!

Uma parte do cérebro é especialmente importante para nos lembrarmos de fatos e eventos. Ela é chamada hipocampo.* Veja na figura abaixo como ela é.

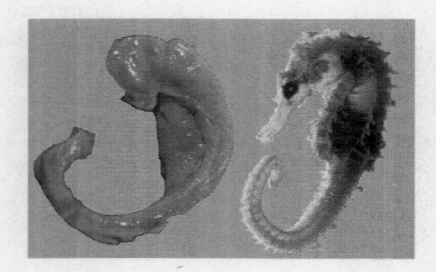

Hipocampo (esquerda) significa "cavalo marinho" (direita) em grego. Percebe a semelhança?

---

* Não resistimos. O que o Hipocampo disse no discurso antes de se aposentar? *"Obrigado a todos pela lembrança!"*

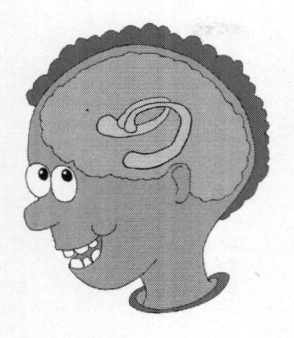

Se virarmos o hipocampo de cabeça para baixo, vemos como ele se encaixa no cérebro. Tecnicamente o cérebro tem dois hipocampos — um do lado direito e outro do lado esquerdo do cérebro.

Curiosamente, durante o sono, a informação que aprendemos é transferida dos neurônios do seu hipocampo para os neurônios do seu *córtex cerebral*, que é a camada externa do cérebro. O córtex cerebral é a região onde fica a sua memória de longo prazo (armário). **Assim, o sono não apenas ajuda a construir novas conexões sinápticas, como também limpa o hipocampo para abrir espaço para aprendizado novo.**

Pessoas que tiveram lesões no hipocampo sofrem de amnésia, não conseguem se lembrar de nada que acontece a partir de alguns minutos depois, só do que aprenderam antes da lesão. Ou seja, ainda se lembram de memórias antigas que o sono consolidou em seu córtex cerebral.

Tudo isso para dizer que o hipocampo é uma parte fundamental para a memória. Novos neurônios nascem no hipocampo todos os dias. É como um time de basquete do ensino médio. Novos jogadores chegam todos os anos, enquanto os mais velhos vão embora. Os novos jogadores normalmente ficam ocupados aprendendo novas jogadas.

Se não aprendemos nada novo, os novos neurônios do hipocampo desaparecem pouco depois de nascer (da mesma forma, um novo jogador de basquete tende a sair do time se não aprender as novas jogadas). Porém, se tivermos novas experiências de aprendizagem, os novos neurônios vão permanecer e nos ajudar a lembrar. Novas sinapses do hipocampo, tanto de neurônios mais antigos como de novos neurônios, fazem novas correntes cerebrais. Quando dormimos, essas novas correntes do hipocampo ajudam a tornar as correntes da memória de longo prazo do córtex cerebral mais fortes.*

Há mais de vinte anos, Terry me contou algo incrível sobre novos neurônios.[1] *Exercício físico ajuda no crescimento de novos neurônios.*

Quando você se exercita, seu cérebro fabrica uma substância química chamada BDNF.[2] Em português essa sigla quer dizer Fator Neurotrófico Derivado do Cérebro.

BDNF faz seus neurônios ficarem fortes e saudáveis, protegendo-os de lesões e tornando-os mais propensos a conectarem-se com outros neurônios.[3] Também atua como alimento para as sinapses e espinhas dendríticas, fazendo-as crescer. Podemos ver o crescimento das espinhas dendríticas na figura abaixo.

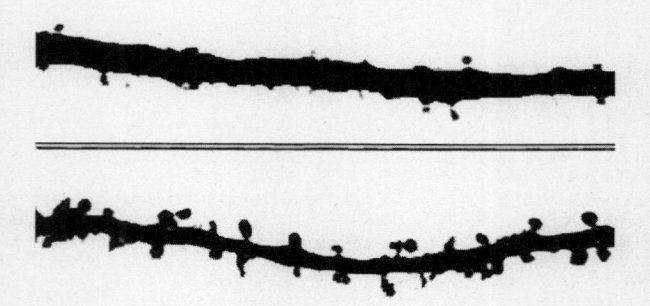

A imagem de cima é um dendrito do hipocampo que não foi exposto ao BDNF. Perceba que quase não há espinhas dendríticas ("dedos"). A imagem de baixo mostra o que acontece depois que o BDNF é aplicado. Uau! As espinhas dendríticas crescem na altura e na largura! Essas espinhas facilitam a conexão sináptica com outros neurônios. Se você se exercitar regularmente, seus neurônios ficarão parecidos com os da imagem de baixo, capazes de se conectar e conversar com muitos outros neurônios!

---

* Tecnicamente, a fixação da informação ao transferi-la do hipocampo para o cortex cerebral é chamada "consolidação de memória".

Assim como os fertilizantes ajudam as plantas a crescerem, o BDNF ajuda os neurônios a se desenvolverem. O exercício físico produz BDNF extra.

Então, quando você faz exercícios, está cuidando do seu cérebro e obviamente do seu corpo também!

Comida *também* alimenta o cérebro!

Você deve estar se perguntando se o que come afeta seu aprendizado. A resposta é sim! Na verdade, se você se exercita e tem uma dieta saudável, o impacto positivo é grande em sua capacidade de aprender e recordar. É maior do que o impacto isolado do exercício ou da dieta saudável.[4]

Então o que significa dieta saudável? Pesquisas mostram que adicionar frutas e vegetais à dieta é uma boa ideia. Procure variar o cardápio. Vegetais da família da **cebola**, que inclui alho e alho-poró, contém substâncias que ajudam a manter distante todos os tipos de doenças, de diabetes a câncer. O mesmo ocorre com vegetais da família da couve, que inclui couve-flor, brócolis, rabanete e couve-de-bruxelas. Frutas de todas as cores também são ótimas, incluindo laranja, pera, mirtilo, cereja e framboesa. **Chocolate amargo** também tem algumas das mesmas substâncias boas encontradas nas frutas, e algumas mais (mas escolha chocolate com pouco açúcar e evite comer à noite, pois pode interferir em seu sono). **Nozes e outras oleaginosas** também são recheadas de saúde. Um punhado de nozes por dia completam bem sua dieta.

Procure evitar "comidas de mentira", que são tão processadas que ficam sem nutrientes. A "família da comida de mentira" inclui batatas fritas, batatas chips, nuggets de frango e qualquer outra coisa com muito açúcar ou farinha branca, como biscoitos, cereais matinais açucarados e refrigerantes. Sobremesa não é um grupo alimentar.

Cada um tem uma ideia diferente sobre qual é a dieta mais saudável. Uma dieta no estilo mediterrâneo é uma boa escolha. Como o nome sugere, surgiu na região do mar Mediterrâneo em países como Grécia, Itália, Portugal e Espanha. Consiste em muitas frutas, vegetais, peixe, azeite de oliva e grãos integrais.

Podemos aprender com muitas fontes!

Voltemos ao Julius Yego. Como ele foi se aperfeiçoando? Ele não tinha um treinador nem todas as vantagens de um país mais rico com cientistas esportivos, psicólogos e nutricionistas.

Aí está algo surpreendente sobre Julius. Ele tornou-se campeão assistindo a muitos vídeos de arremesso de dardos no YouTube e tentando repetir os movimentos em seguida. Ficava horas em um lugar com acesso à internet estudando seus ídolos. E então praticava muito nas colinas do Quênia. No final conseguiu um treinador de outro país, mas por muito tempo todo o seu treinamento veio da internet. Mais tarde ele ficou conhecido como Sr. YouTube!

Por que estou contando essa história? Bem, além de ser bastante inspiradora, ela reúne as duas áreas importantes deste capítulo. *Exercício físico* e *aprendizagem*. Também quero mostrar que você não precisa necessariamente aprender com um livro ou professor. Pode aprender sozinho usando a internet e outros recursos e praticando, praticando e praticando mais, obtendo orientação sempre que possível.

Então Julius Yego deve ser um gênio além de um atleta campeão, certo? Bem, pode ser. Não o conheço pessoalmente. Mas o cérebro dele está muito mais em forma do que se ele tivesse apenas assistido a vídeos do YouTube. Ele assistia e praticava.

Aprendia informação nova e exercitava! Isso é o que você deve fazer também.

Acho que Terry é um gênio. Sei que o exercício físico é uma parte muito importante da rotina dele. Ele adora correr na praia. Para ele, essa é uma ótima maneira de entrar no modo difuso. Geralmente é durante a corrida que ele tem suas melhores ideias. Ele faz exercícios porque gosta e porque fazem bem para o cérebro, mas também porque as novas ideias o ajudam em seu trabalho de pesquisador.

Exercício físico: ferramenta multiuso para uma boa saúde

Exercício físico faz outra coisa mágica. Permite que o cérebro produza substâncias químicas como a serotonina e a dopamina.[5] Essas substâncias auxiliam a formação de novas ideias. Permitem ver como ideias antigas podem ser conectadas para formarem novas. Assim podemos pensar novos jeitos. Todos aqueles ratinhos-pensamentos correndo por aí encontrarão novas perspectivas na floresta.

O exercício é bom para todos os órgãos do corpo, incluindo o cérebro. Melhora o entendimento, a tomada de decisão e a concentração. Auxilia a memória e a alternância entre tarefas. Também pode ajudar a recuperação de pessoas com doenças mentais. Alguns psiquiatras dizem que o exercício é mais forte do que qualquer remédio.

Pausa para recordar

Às vezes você sente que está com a cabeça oca quando tenta recordar uma ideia-chave. Ou percebe que está lendo o mesmo parágrafo várias vezes. Quando isso acontece, faça alguma coisa física, como algumas flexões, abdominais, ou pule corda e dê cambalhotas. Isso tem um efeito positivo surpreendente em sua habilidade de compreender e recordar. Tente fazer alguma dessas coisas agora, antes de recordar as ideias deste capítulo.

Marque este quadrado quando terminar: ☐

Agora tente! Exercite-se!

O que você está esperando? Ainda está sentado lendo este livro? Vá lá fora e corra atrás de um rato! Lute com um zumbi. Passe aspirador na casa. Faça cócegas em um polvo. Carregue um armário. Qualquer exercício de que você goste. Aproveite seu modo difuso (mas lembre-se de voltar depois e terminar o capítulo)!

RESUMINDO

- **Você pode aprender com a internet, e não só com professores e livros.**
- **Exercício é muito bom para seus neurônios**, especialmente para os novos.
- Exercício auxilia a produção da substância BDNF, que é como **comida para seu cérebro**.
- **Exercício libera substâncias que formam novas ideias.**
- **Exercício é uma ótima atividade difusa!**

CONFIRME SEU ENTENDIMENTO

1. Que parte do cérebro é especialmente importante para se lembrar de fatos e eventos? (Dica: significa "cavalo marinho" em grego, e se parece com ele.)
2. Em que o cérebro é semelhante a um time de basquete escolar?
3. Quando BDNF é adicionado ao cérebro, _____ _____ crescem na altura e na largura.
4. Descreva motivos para praticar exercícios físicos.
5. Quais são as características de uma dieta saudável?

(Quando tiver terminado, compare suas respostas com as que estão no final do livro.)

Você passeou pelas figuras, olhou as perguntas ao final e seu caderno. Está preparado para o próximo capítulo? ☐

CAPÍTULO 12

CONSTRUINDO CORRENTES CEREBRAIS

Como não aprender com um gibi

Eu era um pouco espertalhona quando criança.

Meus pais queriam que eu tocasse piano, e, embora eu não gostasse muito, fazia o que eles pediam. Mais ou menos.

Toda semana meu professor me dava uma nova música para praticar. Eu também praticava outras que já tinha aprendido. Era muito mais fácil e divertido tocar o que eu já sabia!

Meus pais me ouviam tocar, mas não prestavam atenção.

Eu passava cinco minutos tocando a música nova, depois colocava um gibi na frente da partitura e tocava a música que já sabia várias vezes seguidas por vinte e cinco minutos enquanto lia o gibi. Praticava por meia hora ao todo.

Eu estava melhorando minha habilidade de tocar piano? Ou estava apenas enganando a mim mesma? E o que meus pais fizeram quando descobriram?

Tornando-se um especialista

Vamos voltar um pouco e relembrar as correntes cerebrais.

Uma corrente cerebral é uma trilha-pensamento bem praticada (lembre-se de que podemos pensar nela como uma trilha larga e bem marcada por um rato na floresta). Seu polvo da atenção pode facilmente alcançar e conectar-se às correntes cerebrais certas sempre que precisar de uma ajuda para pensar, isso é, se você tiver se dedicado a formá-las. Ter muitas correntes cerebrais sobre um assunto é fundamental para tornar-se um especialista.*[1] Está vendo o quebra-cabeça na parte superior da próxima página? Toda vez que você cria uma corrente cerebral sólida, é como se juntasse algumas peças de um quebra-cabeça. Quando estabelece conexões suficientes, o quebra-cabeça começa a ser preenchido. Você começa a ver o panorama geral do assunto. Ainda que faltem algumas peças, dá para ver o que está acontecendo. Você tornou-se um especialista!

Mas e se você não praticar com suas correntes cerebrais recém-desenvolvidas? Podemos ver o que acontece olhando para o quebra-cabeça na parte inferior da página. É como tentar montar um quebra-cabeça com as peças desbotadas. Não é fácil.

---

* Lembre-se, ter muitas correntes cerebrais não significa apenas memorizar um monte de fatos. William Thurston, que ganhou a Medalha Fields (o maior prêmio da matemática), explicou isso bem quando disse: "Matemática é algo incrivelmente comprimível: você pode se esforçar por muito tempo, passo a passo, trabalhando o mesmo processo ou ideia com diversas abordagens. Mas quando realmente entende e tem a perspectiva mental para ver aquilo como um todo, costuma ocorrer uma tremenda compressão mental. Você arquiva o assunto, recorda completa e rapidamente quando precisa dele e utiliza como se fosse apenas um passo dentro de outro processo mental. A clareza gerada por essa compressão é uma das grandes alegrias da matemática." Thurston falava sobre o poder de uma corrente cerebral bem-construída.

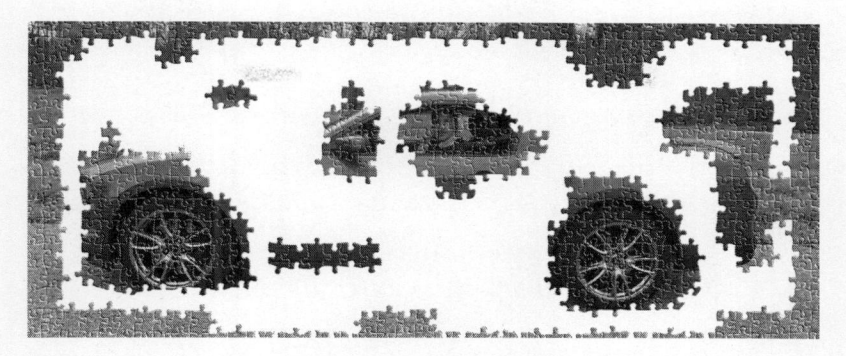

Toda vez que você forma uma corrente cerebral, está encaixando peças de um quebra-cabeça. Quanto mais trabalhar com suas conexões, mais verá como elas se encaixam. Isso cria correntes maiores.

Quando construiu e praticou com conexões suficientes, você enxerga o panorama geral! Você se torna especialista!

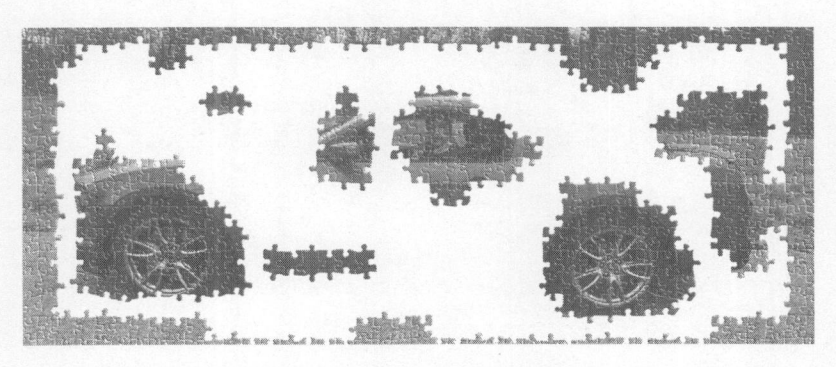

Se você não praticar com suas correntes, elas começam a desbotar. Fica mais difícil ver as peças e mais difícil de montar o quebra-cabeça.

Duas ideias-chave sobre as correntes

Isso nos leva a uma questão crucial. Como proceder para criar uma corrente cerebral? Duas ideias-chave podem ajudar a começar: uma envolve prática e outra flexibilidade.

1. *Prática deliberada* (versus *aprendizagem preguiçosa*)

Quando você pratica bastante, consegue construir correntes cerebrais sólidas. Mas a forma como pratica é importante. Quando você tem uma ideia bem conectada, praticar é fácil e agradável. Mas isso pode se transformar em "aprendizagem preguiçosa", que não gera novas "saliências" em seus dendritos que poderiam tornar-se novas conexões neurais consistentes enquanto você dorme. Quando você consegue ler gibi enquanto pratica, é hora de avançar.

A melhor forma de acelerar seu aprendizado é evitando a aprendizagem preguiçosa.

Se você gasta muito tempo com um material que já domina, não terá tempo de aprender coisas novas.

Essa ideia de concentrar-se no que é mais difícil é chamada prática deliberada.[2] É assim que você se torna especialista mais rapidamente em qualquer coisa que esteja estudando.[3]

2. *Intercalar (ou como ensinar amigos interestelares)*

É importante também desenvolver flexibilidade em seu aprendizado. Vejamos uma história que demonstra isso: digamos que você fez um novo amigo de um planeta exótico onde existem tecnologias avançadas. Seu novo amigo nunca usou martelos ou chaves de fenda.

Você quer ensiná-lo a usar essas ferramentas. Como você sabe sobre esforço cognitivo,* tem o cuidado de não ensiná-lo coisas demais de uma vez.

Você começa mostrando a ele como utilizar o martelo. Ele aprende a bater em vários pregos. Depois de algumas horas de prática (ele é um amigo interestelar bem desajeitado), ele entende como fixar o prego.

Em seguida, você dá uma chave de fenda para ele. Para sua surpresa, ele começa a martelar a chave de fenda em um quadro.

Por quê? Por que *se a única coisa que ele usou foi um martelo, tudo parece um prego.* Ele está aplicando a técnica errada para resolver o problema, porque não estudou nem aprendeu quando deveria usar as duas técnicas diferentes.

---

* Esforço cognitivo é a quantidade de esforço mental desprendido pela memória de trabalho.

É importante não apenas praticar uma dada técnica ou item, mas também *praticar a escolha entre técnicas e itens*. Isso vale para quando você está aprendendo vários tipos de assuntos.

Praticar diferentes aspectos e técnicas da habilidade que está tentando aprender é o que chamamos de intercalar[4] (lembre-se de seu amigo interestelar).

As figuras abaixo podem ajudar a entender a ideia. Quando estuda um assunto em aula, digamos "Tópico 7", você normalmente tem que resolver problemas como tarefa de casa relacionados ao Tópico 7.* Veja o exemplo abaixo (os números dos problemas referem-se aos problemas do livro que seu professor passou como tarefa de casa, na sua escola):

Tarefa de Casa

Tópico 7 problema 4
Tópico 7 problema 9
Tópico 7 problema 15
Tópico 7 problema 17
Tópico 7 problema 22

Porém, quando você intercala, mistura outros tipos de problemas e consegue perceber as diferenças entre eles. Na figura abaixo as linhas cinza tratam de diferentes assuntos que se misturam aos problemas do Tópico 7. Dessa forma, você fica

---

* Os educadores às vezes chamam a lição não intercalada de lição "em bloco" porque o assunto é trabalhado inteiro em um bloco.

A propósito, intercalar é bom porque permite que seu polvo da atenção compare técnicas diferentes conscientemente. Isso ajuda a desenvolver novas conexões para tomadas de decisão que possibilitam pensar em qual técnica escolher. Alternância de tarefas, por outro lado, é ruim porque apenas arrastamos o polvo da atenção de um assunto para outro. Isso faz o polvo trabalhar desnecessariamente cada vez que alternamos tarefas.

É difícil para os autores de livros didáticos intercalar os temas, porque há uma demanda natural por questões ao final do capítulo que tratem daquele tema específico. Isso significa que é você, o leitor, quem deve fazer essa intercalação!

familiarizado não apenas com o Tópico 7, mas também com as diferenças entre o Tópico 7 e os Tópicos 4,5 e 6.

Tarefa Intercalada

| Tópico 7 problema 4 |
| Tópico 4 problema 8 |
| Tópico 7 problema 9 |
| Tópico 6 problema 26 |
| Tópico 7 problema 15 |
| Tópico 5 problema 18 |
| Tópico 7 problema 17 |

Quando você intercala diferentes assuntos, seu cérebro pensa: "Espere, o que é isso? Não esperava voltar para este assunto!" Mas aí você percebe que começa a entender as diferenças entre os tópicos de maneiras que não havia pensado antes.

Construindo uma corrente cerebral

Agora podemos finalmente explicar as melhores formas de construir correntes cerebrais em diferentes matérias.

Foco

O primeiro passo é o mais importante: foco. O campeão de memória Nelson Dellis disse que concentrar-se é importante para a memorização. Mas foco é importante também para qualquer informação que você queira conectar. É preciso usar todos os braços do seu

polvo da atenção. Sem TV e sem telefone. Você estará formando novas conexões cerebrais, por isso precisa que se concentrar. Talvez usar seu cronômetro pomodoro. Diga a si mesmo: *isto é importante, preciso me concentrar!*

(Psiu! Você consegue fazer novas conexões se não estiver prestando muita atenção? Talvez. Se o material for muito fácil. Mas vai levar muito mais tempo para estabelecer as conexões.)

Execute: prática ativa!

Se as conexões cerebrais que estiver criando envolvem ações físicas, concentre-se e execute! Por exemplo, se você está aprendendo a fazer uma cesta no basquete, precisa praticar a mecânica de arremesso. Em seguida precisa fazer de novo, talvez de um ângulo diferente. De novo e de novo. Você estará recebendo retorno constante, porque se estiver errado não fará a cesta. Do mesmo modo, se estiver aprendendo uma língua, precisará ouvir e dizer as palavras repetidas vezes e, se possível, obter orientação de um falante nativo. Se estiver aprendendo a tocar um instrumento musical, precisará praticar novas melodias. Ou, se estiver aprendendo a desenhar, precisará tentar técnicas diferentes. Obtenha orientação de professores onde puder para se corrigir.

A chave é você mesmo praticar ativamente ou dar vida ao que estiver aprendendo. Observar outras pessoas, olhar para uma solução ou ler uma página pode apenas ajudá-lo a começar. Mas não será de grande ajuda para construir suas próprias estruturas neurais de aprendizagem. Lembre-se de Julius Yego com os dardos. Ele não ficou apenas assistindo passivamente aos vídeos do YouTube. Ele estava concentrado na técnica e depois as praticou ativamente.[5]

Pratique suas novas habilidades por alguns dias, dormindo bem a cada noite. Isso ajuda a formação de novas conexões

sinápticas. É preciso alargar as trilhas na floresta (fortalecer as conexões) para o seu rato mental.

Você também precisa mudar o que está fazendo. No futebol, precisamos aprender a driblar, cruzar, passar e chutar, além de ser capaz de lançar e roubar a bola. Não se trata de apenas sair chutando de qualquer jeito! Todas essas habilidades são separadas, mas relacionadas. Para tornar-se especialista, cada habilidade precisa ser praticada separadamente durante o treinamento, depois intercalada.

As reações precisam ser automáticas durante o calor da partida. Não importa se está aprendendo artes marciais, dança, outra língua, tricô, soldagem, origami, ginástica artística ou violão, é tudo a mesma coisa. *Prática deliberada intercalada.* Concentre-se na parte difícil e misture. É assim que nos tornamos especialistas.

Conselho especial para matemática, ciências e outras matérias abstratas

Digamos que você esteja tentando construir uma corrente cerebral de matemática ou ciências. Tente resolver um problema sozinho. *Mostre seu trabalho e escreva as respostas a lápis.* Não olhe apenas para a resposta e diga "Claro, eu sabia..."

Você teve que espiar a resposta para resolver? Tudo bem, mas terá que se concentrar no que perdeu ou não entendeu.

Em seguida, veja se consegue resolver o problema novamente, sem olhar a resposta. Repita. Faça isso por vários dias seguidos.

Tente não olhar a resposta!

No início o problema pode parecer tão difícil que você nunca será capaz de resolvê-lo. Mas no final parecerá tão fácil que você não entenderá por que achava tão difícil. Por fim, você nem vai precisar escrever a resposta a lápis. Quando olhar para o problema e pensar sobre ele, a resposta fluirá suavemente em sua mente, como uma música. E você terá construído uma boa corrente cerebral.[6]

Perceba algo importante aqui. Você *recordou ativamente* para formar suas correntes cerebrais. Como mencionamos anteriormente, a técnica de recordar ativamente é uma das mais poderosas que existem para impulsionar seu aprendizado.

O fundamento é que você não está memorizando as respostas cegamente. Está olhando para os problemas e aprendendo como construir suas próprias correntes cerebrais. Quando a corrente estiver formada e bem consistente, poderá ser recuperada facilmente para a memória de trabalho quando precisar. Praticando bastante a resolução do problema de forma independente (sem olhar a resposta!), cada passo da resolução guiará você ao próximo passo.*

---

* Memorizações pontuais, como das tabelas de multiplicação, podem ser úteis porque o cérebro naturalmente começa a analisar os padrões e relações que vê conforme implantamos as tabelas nele. Esse processo de implantação nos ajuda a ter uma percepção melhor dos números e de como se relacionam uns com os outros. Mas como tudo, nunca é bom apenas memorizar sem entender o que está fazendo (é como memorizar uma palavra em língua estrangeira sem saber o que significa. Como ser capaz de usá-la em outra situação?). E quanto mais praticamos com problemas variados, mais profunda e rica será sua percepção.

A causa principal das minhas notas baixas em matemática na adolescência era que eu olhava as respostas no final do livro. Fingia para mim mesmo que já sabia como chegar naqueles resultados. Como eu estava enganado! Agora, já adulto, estou tendo que reaprender matemática. Mas pelo menos agora sei que não adianta fingir para mim mesmo!

— *Richard Seidel*

Conselho especial para melhorar a escrita

As técnicas que descrevemos para melhorar suas habilidades em matemática e ciências são muito semelhantes ao que você pode fazer para melhorar sua escrita!

O famoso estadista Benjamin Franklin era um péssimo escritor quando adolescente. Mas decidiu fazer alguma coisa para resolver esse problema. Ele lia alguns trechos de textos excelentes e fazia anotações sobre a ideia-chave das frases. Depois, ele tentava recriar as frases de cabeça, apenas usando as ideias-chave como dica. Ao comparar suas frases com as originais, podia ver como as originais eram melhores — com vocabulário mais rico e estruturas melhores. Benjamin praticava essa técnica repetidas vezes. Aos poucos, começou a perceber que poderia melhorar os originais!

*O famoso estadista estaduni-
dense Benjamin Franklin era
um escritor medíocre quando
adolescente e decidiu mudar
essa realidade desenvolvendo
ativamente suas conexões de
escrita.*

Conforme sua escrita melhorava, Benjamin desafiou a si mesmo a escrever poemas a partir das dicas. Depois começou a
embaralhar as dicas, para aprender como desenvolver uma boa
sequência no texto.

Perceba que Benjamin não estava apenas sentado memorizando o texto de outras pessoas. Ele estava *construindo ativamente conexões de escrita*, para que pudesse recuperar mais
facilmente a boa escrita de sua mente.

Consegue pensar em como você poderia fazer algo parecido
para melhorar alguma habilidade artística sua?

De volta ao piano

Então, eu estava aprendendo piano bem enquanto lia gibi? De
jeito nenhum! Eu quebrei todas as regras da boa aprendizagem.
Não me concentrei deliberadamente no material novo e mais
difícil; pelo contrário, fiz uso da aprendizagem preguiçosa,
tocando na maior parte do tempo apenas as músicas que eu já
sabia de cor. É claro que eu dormia após praticar o novo material,
mas com apenas cinco minutos por dia de estudo da nova infor-

mação, não é de se espantar que eu não tenha progredido. Não estava aprendendo material suficiente para intercalar os tópicos. Gradualmente, como eu não estava melhorando, perdi o pouco interesse que ainda tinha. Meus pais nunca perceberam a trapaça que armei contra eles — e contra mim mesma. Hoje, infelizmente, não sei tocar nada no piano. Fico chateada sobretudo porque as pesquisas têm mostrado que aprender um instrumento musical é benéfico para o cérebro de várias formas. Pode nos ajudar a aprender diversas outras habilidades mais facilmente.

A sorte favorece aquele que tenta

Talvez você pense: "Mas Barb, há tanto a aprender! Como vou construir correntes cerebrais disso tudo quando estou aprendendo coisas novas, abstratas e difíceis?"

A resposta simples é que você não consegue aprender tudo. A melhor estratégia é escolher alguns conceitos-chave e transformá-los em correntes cerebrais. Conecte-os bem.

Lembre-se do que gosto de chamar de Lei da serendipidade: a sorte favorece aquele que tenta.

Basta concentrar-se no que está estudando. Siga sua intuição sobre qual informação é mais importante para fixar. Você verá que quando colocar o primeiro problema ou conceito em sua biblioteca de correntes cerebrais, não importa o que seja, o segundo conceito será um pouco mais fácil. E o terceiro mais ainda. Não que seja em um piscar de olhos, mas, fica mais fácil, sim.

A sorte sorrirá para você por seu esforço.

A sorte favorece aquele que tenta.

Pausa para recordar

Quais foram as ideias principais deste capítulo? Lembre-se de parabenizar a si mesmo por terminar de ler esta seção; cada realização merece um parabéns mental! Deixe o livro fechado enquanto tenta recordar.

Marque este quadrado quando terminar: ☐

Agora tente! Corrente cerebral para o domínio[7]

- Escolha uma matéria na qual você realmente queira melhorar. Pense em quais habilidades ou conhecimentos você deveria praticar deliberadamente para conseguir progredir. Identifique tarefas específicas que possa executar. Estabeleça que ponto de domínio você deve alcançar para seguir praticando outras tarefas mais complexas.
- Corte cartolina colorida em tiras para fazer uma corrente cerebral. Cada tira será um elo da corrente. Pode usar cores para indicar categorias ou tipos de tarefas, ou apenas alternar as cores para ficar divertido.
- Anote uma tarefa em cada tira de papel. Depois cole as duas pontas de cada tira para formar os elos, passando cada tira por dentro de outro elo, certificando-se de que a parte escrita apareça do lado de fora de forma a facilitar a leitura. Essa "corrente de prática deliberada" é sua lista de tarefas desafiadoras para executar sempre que for estudar essa matéria.
- Quando dominar uma tarefa, corte o elo e adicione-o a uma corrente de "tarefas dominadas". Essa corrente cerebral ficará cada vez mais comprida conforme você for dominando novos desafios, e pode adicionar novas tarefas à "corrente de prática deliberada" para ter à mão uma lista de tarefas desafiadoras em que você quer se concentrar.

Zella fez uma corrente para sua prática de violão. Em um elo, ela escreveu o título "Violão" e fez outros elos para a prática deliberada em que quer se concentrar. Dois deles são acordes novos que ela precisar dominar, C9 e G, e dois são para outras tarefas que ela acha desafiadoras e importantes nesse estágio: escrever a tablatura das notas que ela conhece e compor uma música usando os acordes que ela conhece.

Termos-chave relacionados a psicologia

Aprendizagem ativa: significa praticar ativamente ou fazer alguma coisa para dar vida ao que se está aprendendo. Observar outras pessoas, olhar a resposta ou ler uma página pode ajudá-lo a começar. Mas não será de grande ajuda para construir suas próprias estruturas neurais de aprendizado. Apenas trabalhando ativamente com o material você conseguirá construir correntes cerebrais fortes.

Recordar ativamente: significa trazer uma ideia de volta à mente, de preferência sem olhar suas anotações ou o livro. Recordar ideias-chave que está aprendendo é uma ótima maneira de entendê-las

Amnésia: é a falta de capacidade de lembrar fatos ou eventos novos de sua vida.

Esforço cognitivo: é a quantidade de esforço mental empregado pela memória de trabalho. Se você tiver um esforço cognitivo muito grande porque está recebendo muitas informações novas de uma vez, não conseguirá retê-las muito fácil.

Prática deliberada: significa concentrar-se no conteúdo que é mais difícil para você. O oposto é a "aprendizagem preguiçosa": praticar repetidamente o que é mais fácil.

Memória factual: usamos o termo "fato" para indicar uma categoria de memória que é mais abstrata. Fatos são mais difíceis de armazenar na memória de longo prazo do que imagens (os psicólogos chamam esses tipos de memória de longo prazo, que são de senso comum, como os nomes das cores e outras noções básicas adquiridas durante a vida, de memória "semântica").

Intercalar: significa praticar diferentes aspectos do que estamos aprendendo de forma a entender a diferença entre as técnicas. O Capítulo 4 de seu livro de álgebra talvez apresente um conjunto de técnicas para resolução de problemas, enquanto o Capítulo 5 pode apresentar um conjunto diferente de técnicas. Intercalar significa alternar entre tipos de problema do Capítulo 4 e tipos do Capítulo 5, de forma a perceber quando se deve usa cada técnica para resolvê-los.

Memória de longo prazo: é como o "armário" do seu cérebro. Um espaço para armazenar memórias por um prazo longo. Você pode armazenar muitas informações na memória de longo prazo. Correntes cerebrais são armazenadas na memória de longo prazo.

Memória Imagética: usamos o termo "memória imagética" para uma categoria de memória que envolve imagens. Imagens são mais fáceis de armazenar na memória de longo prazo do que fatos (os psicólogos denominam a memória imagética de memória "episódica").

Memória de trabalho: é o espaço de armazenamento temporário do seu cérebro. Você pode pensar nela como um polvo com apenas quatro braços, porque você consegue manter apenas quatro itens em sua memória de trabalho. Os "braços" de sua memória de trabalho podem alcançar sua memória de longo prazo para se conectarem com as correntes cerebrais que você construiu ali.

- Olhar a resposta ou observar outra pessoa praticando pode ajudar a começar algo novo. Mas apenas olhar ou observar não constrói suas correntes cerebrais. **Trabalhar ativamente um problema, ou praticar uma atividade, é o que constrói as correntes cerebrais.**

- **Você constrói e fortalece as correntes cerebrais com a prática deliberada**, ou seja, com trabalho concentrado e repetido com as partes mais difíceis de um conceito. Não perca tempo com coisas fáceis que você já sabe.

  - **Intercalar é outra parte importante de construir uma corrente cerebral especialista.** Alterne as partes de uma matéria. Isso te dará uma percepção do tópico como um todo. Por fim, seus neurônios vão se conectar e você completará o "quebra-cabeça" inteiro.

- **Pratique recordar ativamente.** Teste a si mesmo ou peça para alguém testá-lo.

- **Ensine uma ideia que ache difícil para sua mãe, seu pai ou um amigo.** Tente fazer isso sem anotações. Essa é uma das melhores maneiras de fortalecer suas correntes cerebrais e também fará você perceber os buracos em seu conhecimento.

- Lembre-se do que aprendeu no primeiro capítulo: **passeie pelas figuras**. Isso prepara sua mente para o que está por vir.

CONFIRME SEU ENTENDIMENTO

1. Sem olhar as páginas anteriores, explique como um quebra-cabeça é uma boa metáfora para a forma como unimos conceitos?
2. Como você explicaria para alguém da sua idade a ideia de intercalar tópicos? Consegue pensar em um exemplo que facilitaria o entendimento?
3. O que é "aprendizagem preguiçosa"?
4. O que o Super-Homem diria sobre ler gibis quando deveria estar praticando piano?
5. Qual é o conselho especial para ajudar a estudar matemática, ciências e outras matérias abstratas?

(Quando tiver terminado, compare suas respostas com as que estão no final do livro.)

Você passeou pelas figuras, olhou as perguntas ao final e seu caderno. Está preparado para o próximo capítulo? ☐

CAPÍTULO 13

PERGUNTAS IMPORTANTES PARA VOCÊ MESMO:

Você deveria ouvir música enquanto estuda?

Quero que feche os olhos. Oops! Ainda não! Depois que terminar de ler este parágrafo. Imagine que você está no teto, olhando para si mesmo.

Conseguiu ver seu cabelo? As roupas que está usando? Seu rosto parecia concentrado? Que tipo de estudante você podia ver de lá de cima?

O que o "eu do teto" achou do seu estudo hoje? Você já é um estudante eficaz? Lembre-se de seus detectores de mentira internos — suas espinhas dendríticas!

Tornando-se um artista e um cientista

Queremos que você se torne um aprendiz de cientista. O que deveria estar estudando? Queremos que você veja "do teto" o que está fazendo.

Seu primeiro experimento? Música. Alguns dizem que não devemos ouvir música enquanto estudamos. Mas todos somos diferentes e temos gostos diferentes. Você acha que a música te ajuda ou te distrai nos estudos?

Olhe para você mesmo do teto. Como vai sua aprendizagem?

Você será um aprendiz de cientista, então precisa fazer algumas observações. Precisa observar a si mesmo aprendendo e pensar sobre o que funciona e o que não funciona. Algumas pessoas gostam de registrar suas observações em um caderno. Sabemos que você é um aluno ocupado e que isso não funciona para todo mundo, mas aqui vai uma sugestão que você pode tentar por alguns dias se estiver se sentindo aventureiro: toda noite, anote a data e faça um desenho que simbolize seu dia. Bom ou ruim, apenas desenhe — não precisa ser nenhuma obra de arte. Trinta segundos desenhando é suficiente.

O que você desenhou? Um joinha? Uma flor? Um sapo? Uma bota? Só importa que o desenho tenha significado para você.

Então, se você usa um caderno para estudar, faça algumas anotações sobre o que aprendeu no dia. Lembre-se, você está "se observando do teto". É uma perspectiva de fora e calma; seja científico. Como foi sua aprendizagem? Você fez um pomodoro? Quantos? Dois? Três? Houve alguma coisa que fez especialmente bem? Algo que poderia ter feito melhor? O que fez a diferença em seu aprendizado hoje (a propósito, pesquisas mostraram que fazer uma lista de planos para o dia seguinte pode ajudar a pegar no sono mais rápido. Isso tira os itens de sua memória de trabalho e o ajuda a relaxar e a dormir melhor).

Se você não é fã do caderno, talvez porque pareça mais um dever de casa, tudo bem, mas pode conversar com um amigo, um colega de turma ou até com sua família sobre como foram seus estudos naquele dia. Faça as mesmas perguntas para si mesmo.

Você ouviu música, por exemplo? Se sim, se perdeu ou se distraiu? Ou a música formou um pano de fundo aconchegante para você? É importante que seja honesto.

Ao refletir sobre suas observações, tente identificar padrões. Seus dias são melhores quando você tem uma boa noite de sono, por exemplo? Ou depois que você correu? Se deixa seu telefone ligado enquanto estuda, ele te distrai? Ou seu telefone tem um cronômetro pomodoro que você usa e por isso ele melhora sua concentração? Ou você estuda melhor quando não ouve nenhuma música?

Está se perguntando o que os cientistas dizem sobre o efeito da música nos estudos? Já falaremos sobre isso. Mas primeiro, aqui estão outros fatores inesperados que afetam sua aprendizagem.

Estudando em lugares diferentes

Pense sobre o local onde você estuda. É sempre o seu quarto? A biblioteca? A casa de um amigo? Em meio à natureza? Ou você muda sempre de lugar? Pode parecer estranho, mas é bom mudar o lugar onde você estuda.[1]Por quê? Tem a ver com seu amigo polvo da atenção. Os polvos de verdade têm ventosas que os ajudam a se grudar nas coisas. Em nossa metáfora, as ventosas podem fazer seu aprendizado "grudar" ou "desgrudar".

Quando seu polvo da atenção está te ajudando a entender um conteúdo, ele também pega outras coisas aleatórias. Se você estuda geometria na biblioteca, por exemplo, seu polvo está trabalhando com você para entender o assunto. Mas ele também pega um pouco da sensação, do cheiro e da aparência da biblioteca ao mesmo tempo.

Um pouco de sabor de biblioteca nas correntes.

Se você sempre estuda geometria na biblioteca, seu polvo se acostuma. Quando for puxar correntes de geometria da sua memória de longo prazo, você não perceberá, mas essa corrente terá pedaços de "biblioteca" grudados nela. Seu polvo espera que a corrente de geometria tenha sabor de biblioteca.

E daí?

O que ocorre é que você geralmente não faz provas na biblioteca.

Se sempre estuda na biblioteca, mas suas provas são na sala de aula, seu polvo pode ficar confuso. Na sala de aula, seu polvo pode ter dificuldade em encontrar as correntes de geometria, porque não há sabores de biblioteca em volta para guiá-lo. Você pode acabar indo mal na prova.

Então, se possível, é melhor estudar em *vários lugares*! Sabemos que as escolas nem sempre oferecem muitas escolhas, mas se possível, varie em casa estudando em cômodos diferentes. Assim, seu polvo da atenção acaba se acostumando a encontrar as coisas em sua memória-armário de longo prazo, independentemente de onde você esteja estudando. Se na segunda-feira, você estuda geometria na biblioteca, na terça-feira, em casa, e vai estudar no parque na quarta-feira, ou apenas em cômodos diferentes em dias diferentes, seu polvo se acostuma a encontrar as correntes de geometria onde quer que você esteja. Você se sairá melhor na prova!

Seja criativo e desenvolva seus próprios truques para agitar as coisas. Mude sua cadeira algumas vezes para uma parte diferente da sala. Faça anotações com uma caneta de cor diferente. Mude sua luminária de lugar. Qualquer coisa para dar dinâmica ao seu aprendizado.

O problema da disputa entre estilos de aprendizagem visual e aditivo

Os pesquisadores concordam que as pessoas processam informação de formas diferentes. Isso levou à ideia de aprendizes "visuais", "auditivos" e "cinestésicos",* ou seja, de que algumas

---

* Cinestésico significa aprender tocando ou sentindo. Por exemplo, você pode aprender sobre materiais diferentes como o mel, uma esponja ou um prego de ferro não apenas olhando, mas também sentindo.

pessoas aprendem melhor quando ouvem, algumas quando veem e outras quando tocam as coisas.

Infelizmente, pesquisas mostraram que apoiar-se em um "estilo de aprendizagem preferido" pode enfraquecer sua habilidade em aprender de outras maneiras.[2] Por exemplo, se acha que é um "aprendiz auditivo", você tenta aprender ouvindo. O resultado? Você acaba lendo menos. E como você se sairá bem em provas, por exemplo, se não praticar a leitura?

Aprendemos melhor quando usamos diversos sentidos diferentes: audição, visão e, talvez especialmente, sentindo com as mãos. Em camadas profundas do cérebro, você vê e ouve. Você vê e cheira. Você ouve e toca. Quando seu cérebro cria suas impressões do mundo, queremos o máximo de sentidos envolvidos que for possível.

Então sempre que estiver aprendendo alguma coisa, tente aproveitar todos os seus sentidos. Não pense em um estilo de aprendizagem preferido. Pense em si mesmo como um aprendiz completo. Se imaginar estar ouvindo uma pessoa famosa da história falando com você, ou estar vendo uma substância química, isso conta como aprendizagem multisensorial, que é o tipo mais eficaz para todos.

Sono — É ainda mais importante do que você pensa!

Essa é para o seu diário de aprendizagem. Você dormiu o suficiente? Apenas estar acordado já cria produtos tóxicos nojentos em seu cérebro. Quanto mais acordado você fica, mais as toxinas aparecem. Que pensamento horrível!

Não é tão ruim quanto parece. Assim que você dorme, suas células cerebrais encolhem e as toxinas venenosas são varridas por entre os vãos do seu corpo.[3] Quando você acorda, o veneno já saiu. Assim como um computador pode ser reiniciado para corrigir erros, seu cérebro é reiniciado quando você acorda após uma boa noite de sono. Essa é sua atualização noturna!

Se você não dorme o bastante, não há tempo para todas as toxinas serem eliminadas. Você começa o dia cansado, bloqueado e incapaz de pensar claramente. Seus neurônios não conseguem formar novas sinapses. Não houve tempo para seu rato mental correr pelas trilhas e fazer novas conexões. Deu ruim!

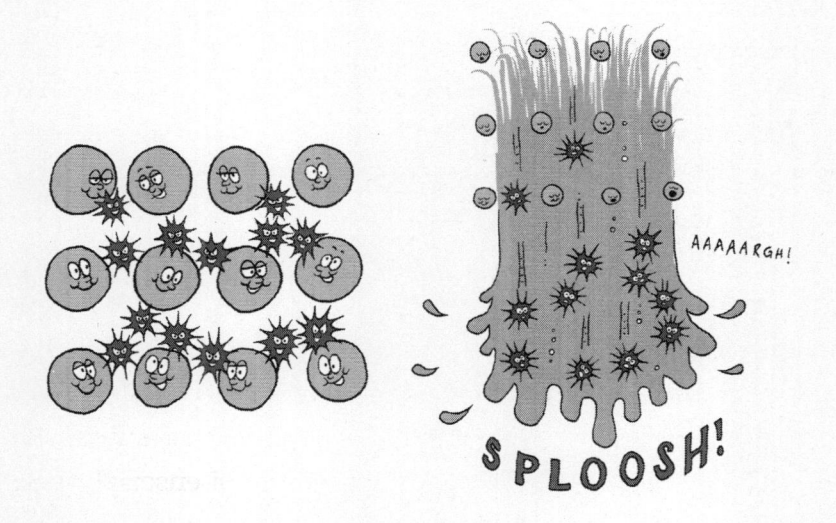

Quando você dorme, seus neurônios encolhem, o que permite eliminar as toxinas.

O sono é o modo difuso por excelência. Ideias, imagens e pedaços de conhecimento fluem por seu cérebro livremente. Áreas diferentes do cérebro se conectam de uma forma muito criativa e trabalham em problemas juntos. Uma noite de sono pode ajudar a resolver um problema. Enquanto dorme, o cérebro é capaz de descobrir o que fazer mesmo que você não esteja focado nisso.

A propósito, uma soneca também pode ajudar no aprendizado. Assim como o sono da noite, uma soneca permite que a informação armazenada temporariamente no hipocampo seja transferida para a memória de longo prazo em outros lugares do cérebro. Esse movimento desocupa o hipocampo para que ele possa segurar informações novas que você queira despejar nele quando acordar. Mas não cometa o erro de pensar que uma série de sonecas durante o dia substitui o sono mais longo da noite. Não substitui.

Isso nos leva a questão de quanto devemos dormir. Embora as pessoas tenham opiniões diferentes, em geral devemos reservar oito horas por noite para pegar no sono.[*] Essas oito horas devem ser constantes durante a semana — não é o tipo de coisa que possamos compensar no final de semana. **Dormir é a melhor coisa que você pode fazer para se recompor e manter-se saudável.** Adolescentes e jovens normalmente precisam de mais de oito horas por noite.

Para ter um bom sono, após o anoitecer evite qualquer coisa que emita luz azul como iPads, computadores e smartphones. Você também pode baixar aplicativos bloqueadores de luz azul.

Não dormir o bastante pode trazer consequências a longo prazo que são similares a comer arsênico. A falta de sono faz os produtos tóxicos aparecerem em seu corpo inteiro, te torna mais propenso a ficar doente, a ter câncer e a todos os tipos de doença mental. A falta de sono também interrompe o crescimento de novos neurônios e sinapses, dificultando ainda mais o aprendizado.

---

* Como o pesquisador do sono Matthew Walker explica, devido aos nossos genes, cerca de 40% das pessoas são do tipo "diurnas", que gostam de acordar cedo. Outros 30% são "noturnas", gostam de dormir tarde e acordar tarde. O restante é uma mistura dos dois tipos. Ao contrário dos adultos, os adolescentes têm um "relógio do sono" interno que faz com que fiquem "noturnos". Por isso, pode ser difícil para os adolescentes dormir cedo, mesmo que queiram. Infelizmente, muitas escolas iniciam as aulas muito cedo, não permitindo que os adolescentes tenham todo o sono que querem e precisam. Algumas escolas que alteraram o horário de entrada para mais tarde perceberam um aumento significativo nas notas das provas.

Então, se tiver um diário de aprendizagem, anote nele, quanto dormiu na noite anterior e observe como você se sente. Isso ajuda a perceber como está se saindo em relação ao sono. Se estiver cansado e com sono durante o dia, você definitivamente não está dormindo quanto deveria.

Mais uma coisa. Se fizer um pouco de estudo focado antes de dormir, é possível que sonhe com o que estudou. Sonhar com a matéria pode te ajudar nas provas, pois fixa melhor.[5]

Faça do sono uma prioridade. Não estude até tarde antes da prova. Será mais difícil ir bem. Um pomodoro com o cérebro revigorado vale mais do que três com um cérebro cansado!

Coma os sapos primeiro!

"Coma os sapos primeiro" significa que é melhor começar com as coisas mais desagradáveis ou difíceis de sua sessão de estudos. Assim, você pode fazer uma pausa e trabalhar em outra coisa se acabar empacando. Isso faz seu modo difuso trabalhar na retaguarda para desempacá-lo quando voltar. Você pode até terminar sua tarefa difícil no começo do período de estudo, o que é ótimo (claro que se você acha carne de rã saborosa, vai precisar mudar a metáfora. Alguns preferem "guarde o doce para o final!")

Estabeleça um horário
para terminar

Uma última dica. Ajuda muito se você estabelecer um horário para terminar os estudos todos os dias. Sabemos que a escola controla bastante isso, mas quando você estiver fazendo as tarefas de casa, planeje parar num horário determinado, se puder.

Cal Newport, por exemplo, terminava seus estudos sempre às 17h, quando estava na faculdade. Ele acabou obtendo seu doutorado (o título universitário mais avançado) em ciências da computação do MIT. Essa é uma das melhores universidades do mundo, então funcionou bem para ele (aprenda ainda mais nos livros de Cal como o *How to Become a Straight-A Student* [em inglês]). Cal insiste que não é uma superestrela natural, mas descobriu que estabelecer um horário de parar fez com que ele focasse atentamente em seus estudos durante o dia. Podia então relaxar e curtir a vida com seus amigos à noite. Cal diminuiu seus níveis de estresse aprendendo a manter o foco enquanto estudava.

Ele recomenda um ritual de desligamento que usa quando está terminando o trabalho. Você pode fazer algo parecido. Finja que é um piloto de avião. No horário agendado, faça uma contagem regressiva que termina com "Sistemas desligados!"

Uma exceção: antes de dormir, faça algumas anotações em seu diário de aprendizagem ou pense em como foi o dia. Também pode dar uma olhada em algo que queira reforçar. Isso abastece seus sonhos e sua aprendizagem. Mas tente ficar longe de telas, como as do computador e do smartphone, por pelo menos hora ou duas horas antes de dormir. Essas telas mandam sinais e luz para seu cérebro que dizem "Acorde!". Assim fica mais difícil pegar no sono.

Finalizando o capítulo: voltando à música

Falamos sobre muitos assuntos neste capítulo. Agora que estamos terminando, prometemos que contaríamos o que as pesquisas dizem sobre ouvir música.

A conclusão é: os cientistas não têm certeza![6] Às vezes, e para algumas pessoas, a música pode ajudar. Mas também pode passar a impressão de que está sendo útil quando, na verdade, está prejudicando. É por isso que é tão importante tornar-se um aprendiz de cientista. Observar sua aprendizagem como se fosse um cientista permitirá que você descubra qual efeito a música e outras influências têm sobre você.

A única orientação que as pesquisas oferecem sobre música é que seu polvo da atenção fica mais distraído quando a música está alta e quando é cantada. As palavras enchem o braço do polvo, diminuindo a eficácia dele. Mas quando a música é instrumental, em volume baixo, pode ajudar, dependendo do que está estudando. Uma coisa para manter em mente é que provavelmente não haverá música quando você estiver fazendo a prova, a não ser que esteja ao lado de uma sala de música na escola!

A conclusão é que se quiser ouvir música enquanto estuda, tudo bem, mas tenha cuidado. Você precisa experimentar até descobrir em que situação aprende melhor. Seja honesto consigo mesmo.

Agora tente! Pense como um cientista aprendiz

Hoje é um ótimo dia para começar um hábito novo: refletir sobre sua aprendizagem. Os cientistas observam as coisas cuidadosamente e tentam encontrar padrões. Você tem que fazer o mesmo. Não importa se usa um diário ou apenas tem o hábito de relembrar como foi o dia; o importante é pensar sobre seu processo de aprendizado. Lembre-se de observar como se estivesse no teto. Depois de um tempo, você se acostumará e será capaz de ver suas atividades diárias em sua mente mesmo com os olhos abertos!

Pensar como um cientista aprendiz é especialmente benéfico quando se faz uma prova. Se você foi bem, o que fez certo? Se não foi muito bem, o que deu errado? Que partes você não sabia bem? Como estudou essas partes? O que pode fazer para melhorar na próxima vez?

Veja a seguir um exemplo do que o seu diário pode conter, ou os tipos de coisas sobre as quais você pode pensar no finalzinho do dia:

Meu diário de aprendizagem — modelo*[7]

Data: _____ Seu símbolo para este dia:

Como eu me preparei?

Quanto dormi na noite passada? _____ horas

Quanto me exercitei hoje? _____ minutos

O que eu comi hoje? Frutas   Vegetais   Grãos e cereais

Alimento rico em proteína   Sem porcaria

Onde? O quê? Quando?

Minha mochila e meu armário

Coisas novas que aprendi	Coisas que recordei e revisei

Onde estudei?

Lugar 1: _____   Lugar 2: _____

Lugar 3: _____

Pomodoros que fiz hoje:

Coisas inteligentes que fiz hoje:

Engoli algum sapo?

Resolvi algum teste?

Ensinei algo a alguém?

Fiz uma lista de tarefas?

Horário de encerramento do meu sistema: _____

_____

---

* Você encontra uma cópia deste diário em https://barbaraoakley.com/books/learning-how-to-learn [em inglês]

Pausa para recordar

Quais foram as ideias principais deste capítulo? Você pode recordá-las onde está sentado agora, mas depois tente recordar as ideias novamente em um cômodo diferente ou, melhor ainda ao ar livre.

Marque este quadrado quando terminar: ☐

RESUMINDO

- Todos somos diferentes. É por isso que é importante **tornar-se seu próprio cientista pessoal de aprendizagem**. Você consegue perceber o que funciona melhor para o seu aprendizado. Pense como cientista e comece a procurar padrões do que funciona ou não para você.
- A música pode ajudar ou prejudicar a aprendizagem. Veja "do teto" como a música afeta seus estudos.
- **Estude em lugares diferentes quando puder.** Isso permite que seu polvo da atenção fique confortável quando fizer uma prova em uma sala que não é aquela onde você estuda.
- **Tente aprender utilizando uma variedade de sentidos.** Seus olhos, seus ouvidos, suas mãos, até seu nariz podem ajudar você a aprender. Aprendemos melhor quando usamos todos os nossos sentidos.
- O sono não apenas ajuda a construir novas conexões sinápticas, mas também elimina toxinas!
- **Coma os sapos primeiro.** Comece com os conteúdos mais difíceis e desagradáveis para que consiga fazer uma pausa e usar o nodo difuso se precisar.
- Quando possível, estabeleça um **horário de encerramento** que permita a você concentrar-se com mais atenção enquanto estuda.

CONFIRME SEU ENTENDIMENTO

1. Este capítulo descreveu certos tipos de música que não ajudam muito quando estamos tentando estudar. Reconte essas descobertas com suas próprias palavras.
2. Explique por que estudar em lugares diferentes é uma boa ideia.
3. O que há de errado em acreditar que você tem um estilo de aprendizagem específico?
4. Como poderíamos usar a visão, o olfato, a audição e o tato ao mesmo tempo para aprender algo abstrato como a matemática?
5. O que o sono tem a ver com as toxinas do cérebro?
6. Explique a frase "Comer os sapos primeiro".
7. Qual é a melhor maneira (como foi mencionado neste capítulo) de concentrar-se mais efetivamente quando estamos estudando?

(Quando tiver terminado, compare suas respostas com as que estão no final do livro.)

Você passeou pelas figuras, olhou as perguntas ao final e seu caderno. Está preparado para o próximo capítulo? ☐

CAPÍTULO 14

SURPRESAS DO APRENDER:

Psssiu...

Seus piores atributos podem
ser seus melhores atributos!

Você já viu alguém levantar a mão para responder uma pergunta na sala enquanto você ainda está queimando a cabeça para entender o que o professor perguntou? O sabe-tudo já tem a *resposta* e você ainda nem entendeu a *pergunta*.

É fácil pensar que aprender não é sua praia só porque você é um aprendiz mais lento. Mas temos algumas surpresas guardadas.

Se você é mais lento do que os outros, pode aprender tão bem quanto eles. Às vezes até melhor do que quem aprende rápido.

Como?

Chegaremos lá. Neste capítulo, vamos falar sobre muitas surpresas do aprender. Algumas coisas que você acredita sobre a aprendizagem não são verdadeiras. Vamos falar sobre os videogames.

Videogames

Seus pais não gostam que você jogue videogame? Muitos pais não gostam. Os videogames *realmente* podem ser ruins às vezes, como veremos em breve. Mas temos aqui uma surpresa para seus pais. Alguns tipos de jogos podem ser úteis para o aprendizado. Na verdade, certos jogos são bons para seus pais também![1]

Jogos de ação são ótimos para a *concentração*. Enquanto você se diverte, também aprende a se concentrar. Quando você joga um videogame de ação, seu rato mental corre por uma trilha cerebral muito importante. É a trilha cerebral do "foco", que fica mais larga quanto mais você usa. Ao tornar-se um bom jogador você consegue *concentrar-se de verdade* quando prestar atenção em alguma coisa.*

---

* Devo ressaltar que os videogames não aumentam sua memória de trabalho. Aumentar a memória de trabalho é como acrescentar braços ao polvo, o que é difícil. Se vir anúncios de videogames que aumentam sua memória de trabalho, desconfie. Atualmente, os cientistas não sabem como ajudar as pessoas a aumentar essa memória. Se a sua não for muito boa, continue lendo. Você descobrirá que tem vantagens especiais!

Aliás, é sensato imaginar que o desafio implícito de Santiago Ramón y Cajal era uma memória de trabalho ruim. Como ele descreveu em sua autobiografia, seu pai era muito bom em usar truques de memória para guardar informações na memória de longo prazo. Santiago provavelmente aprendeu alguns desses truques com o pai, que, por outro lado, não foi capaz de ajudar o filho a melhorar a memória de trabalho, porque não sabemos até hoje como fazer isso.

Isso pode parecer ruim para Santiago, mas não era. A memória de trabalho ruim de Santiago foi, ao que parece, parte da mágica que permitiu que ele percebesse os simples princípios fundamentais da neuroanatomia que os "gênios" não perceberam. Então, mais uma vez, se você tem uma memória de trabalho ruim, talvez precise se esforçar mais para alcançar o ritmo dos outros. Mas também pode ser um dom maravilhoso para enxergar com mais simplicidade e clareza do que os mais "inteligentes"!

Jogos de ação também melhoram sua visão, de certa forma. Você aprende a perceber os detalhes melhor. Também consegue enxergar melhor na neblina!

Não são apenas jogos de ação que ajudam habilidades. *Tetris* também pode desenvolver suas habilidades espaciais: você aprende a rotacionar as peças em sua mente com mais facilidade. Essa habilidade é importante em matemática e ciências.

Mas nem todos os tipos de jogos são assim. *The Sims*, por exemplo, é um "simulador da vida". Parece bom, mas esse tipo de jogo não promove a prática do que os psicólogos chamam de "controle atencional". Se quiser melhorar seu pensamento espacial ou concentrado, as pesquisas indicam os jogos de ação ou espaciais.

A desvantagem do videogame é que ele pode ser viciante. Ter bom senso é essencial para tudo: exercício físico, comida e até estudo. Se o videogame está interferindo em outras partes da sua vida, é hora de diminuir. Mesmo que seja uma grande paixão, você agora sabe que prática e intervalos podem melhorar seu desempenho. O mesmo vale para abrir a mente a outros tipos bem diferentes de aprendizado.

Dissemos que os videogames podem ser bons para os adultos também. Se você gosta de jogos de ação, mostre-os para seus pais! Sim, jogos de ação podem melhorar a capacidade de concentração de adultos, ou mesmo idosos. Existem até jogos sendo testados pelas agências reguladoras, para virarem "medicamento", pois melhoram as habilidades mentais de pessoas idosas.

Al curtindo um videogame com seu filho Jacob.

Então, na próxima vez que seu pai ou sua mãe disserem que videogame faz mal, mostre este livro a eles. Videogame demais com certeza é ruim! Mas *um pouco* pode ser bom. E se seus pais decidirem jogar com você, será saudável para eles também!

Aprenda algo *completamente* diferente

Dissemos que se você é um jogador de videogame apaixonado, pode melhorar seu desempenho aprendendo ou fazendo algo completamente diferente de videogames. Pintura a óleo, salto com vara, aprender finlandês, malabarismo, a desenhar mangá, contanto que seja algo *diferente*, poderá auxiliar sua performance no videogame de formas inesperadas.

Na verdade, se você é apaixonado por *qualquer* atividade, pode ficar melhor nisso se também aprender um pouco sobre atividades bem diferentes.

Por quê?

Você pode ficar preso no que chamamos "pensamento viciado".* Sua mente fica tão acostumada a correr por determinadas trilhas neurais que não consegue mudar facilmente. Seu pensamento fica menos flexível.

---

* Os psicólogos denominam essa ideia "Einstellung" ou "fixação funcional". Mas essas expressões são mais difíceis de lembrar, por isso preferimos "pensamento viciado".

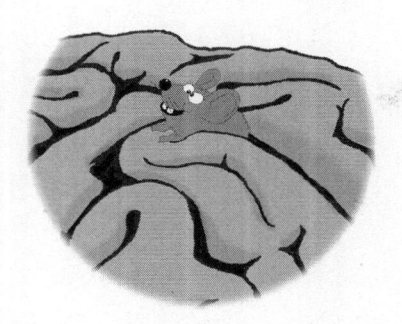

Pensamento viciado

Há outra forma de entender isso. Quando você decide que quer fazer algo muito bem, tende a gastar todo o seu tempo com isso. Mas a verdade é que todas as pessoas que querem ficar boas naquilo estarão fazendo *a mesma coisa*. Como ser melhor do que os outros se você está fazendo o mesmo que eles?

Pronto para se surpreender novamente? O caminho para ficar melhor é atacar em uma direção completamente diferente. Aprenda sobre alguma outra coisa. Qualquer coisa. O que quer que você aprenda, seu cérebro encontra um jeito de tornar as ideias úteis para seu principal interesse, geralmente com metáforas.

Esse conceito importante é chamado *transferência*. As correntes cerebrais que você constrói em uma área podem facilitar a formação de conexões em uma área diferente. Aprender a bater numa bola de beisebol, por exemplo, pode ajudá-lo com muitos jogos de bola e, no fim das contas, pode te ajudar a entender física. Aprender física ajuda a aprender economia e a criar cerâmicas mais bonitas. *Transferir* ideias de uma matéria ou atividade para outra estimula nossa criatividade. É como um modelo que podemos adaptar de uma área para outra.

Como fazer anotações

Vejamos outra surpresa. Muitos pensam que a melhor forma de anotar é digitando. Afinal, é mais rápido digitar do que escrever à mão. E as anotações ficam mais organizadas.

Não. Escrever as anotações à mão é melhor. Mesmo que sua caligrafia seja ruim.*

Lembre-se, você precisa criar uma corrente cerebral com as ideias-chave. Por incrível que pareça, se apenas digitamos o que ouvimos, as palavras fluem para a tela sem criarem conexões. Entrando pelos ouvidos e saindo pelas mãos, sem nenhum trabalho cerebral profundo entre os dois.

Quando tomamos notas manuscritas, temos que pensar sobre o que vai ao papel.

Isso ajuda a começar uma corrente cerebral. Suas espinhas dendríticas começam a crescer. Se você revisar suas anotações uma última vez antes de dormir, pode fazer suas espinhas dendríticas crescerem ainda mais durante o sono!

Uma boa estratégia para anotar é desenhar uma linha na lateral de uma página, a cerca de um terço de distância da borda. Escreva suas primeiras anotações na parte maior. Depois, quando revisá-las, escreva pontos-chave de forma breve na parte menor. Depois tire os olhos da página e veja se consegue recordar os pontos-chave. Teste a si mesmo. Pratique a recuperação dessas correntes!

Não há fórmula mágica para anotações. A ideia básica é escolher pontos-chave para que você possa revisá-los e fortalecer suas correntes cerebrais.

---

* Se você tem dificuldade para escrever à mão, ainda pode sair-se bem digitando suas anotações. Mas evite cair na armadilha desatenta de apenas digitar o que está ouvindo. Você precisa digitar mais lentamente para absorver as ideias-chave em vez de apenas digitar tudo o que entra pelos ouvidos.

Sua memória de trabalho é ruim? Parabéns!

Mais uma surpresa. Memórias de trabalho ruins são, às vezes, melhores do que memórias de trabalho boas.

Como assim?

Algumas pessoas têm memórias de trabalho fantásticas. Seus polvos da atenção podem ter oito ou mais braços, e seus tentáculos são incrivelmente grudentos. Conseguem segurar muita coisa e elas ficam na mente. Como não achar isso bom?

Mas uma memória de trabalho ruim também pode ter vantagens. Se seu polvo da atenção tem apenas três braços, por exemplo, você precisa trabalhar mais para formar as correntes cerebrais com as ideias-chave. Se seu polvo não tem muitos braços para segurar muitos pensamentos, você tem que encontrar maneiras de simplificar e conectar as ideias.

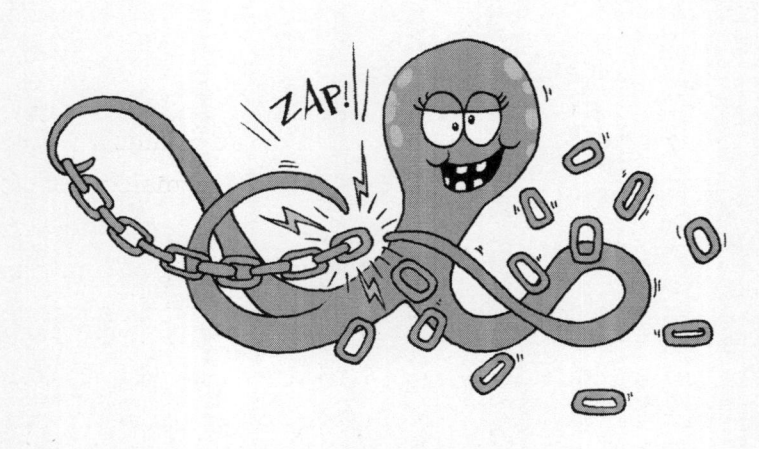

Isso significa que as correntes cerebrais construídas por uma pessoa com memória de trabalho ruim podem conter simplificações surpreendentemente sofisticadas e saltos criativos.[2] A pessoa que tem uma memória de trabalho boa pode achar difícil fazer esse tipo de simplificação criativa. Sua memória de trabalho boa não precisa encontrar maneiras de simplificar.

Quem tem memória de trabalho ruim frequentemente percebe que seus pensamentos escorregam da mente. Parece ruim, não? Mas pode ser bom! Estudos mostram que quando um pensamento escorrega da cabeça, outro aparece no lugar. Essas pessoas podem ser especialmente criativas! Essa criatividade é notada sobretudo em quem tem algum tipo de "déficit" de atenção (pensamos que o termo deveria ser "bônus") como TDAH.[3]

Aqueles que têm memória de trabalho e concentração ruins às vezes precisam trabalhar mais do que os outros para formar as correntes cerebrais. Mas a contrapartida é que conseguem ser mais criativos; enxergam atalhos sofisticados e têm ideias que outros não percebem. A compensação pode valer a pena!

Cérebros trilheiros
versus
cérebros carros de corrida

Aos poucos, estamos percebendo como uma pessoa que pensa mais lentamente às vezes pode ter um desempenho melhor do que uma pessoa com cérebro "carros de corrida".

Imaginemos o seguinte: uma pessoa que tem um carro de corrida no lugar do cérebro consegue alcançar a linha de chegada mais depressa. Em outras palavras, consegue pensar nas respostas para as perguntas bem depressa. A pessoa que pensa mais devagar, por outro lado, consegue chegar na resposta, mas muito depois (lembre-se de que algumas pessoas podem ser carros de corrida em algumas matérias e trilheiros em outras).

Para quem tem o cérebro de carro de corrida, tudo passa como um borrão. Pensam rápido, mas não se preocupam necessariamente com os detalhes. A pessoa com cérebro "trilheiro", ao contrário, move-se bem mais *devagar*. Enquanto se movimentam, conseguem alcançar e tocar as folhas das árvores, sentir o cheiro de mato no ar, ouvir os pássaros cantando e observar as pegadas dos coelhos.

Isso significa que de certo modo o cérebro trilheiro consegue perceber as coisas com mais profundidade do que o cérebro carro de corrida.

Então se você tem cérebro trilheiro em algumas ou muitas matérias, fique feliz. Você pode levar mais tempo para aprender, mas ainda assim é capaz de aprender tão bem quanto ele. Na verdade, até com mais profundidade e riqueza de detalhes. Se tiver um cérebro carro de corrida, fique feliz também. Mas tenha cuidado para não sair da pista, porque às vezes é difícil voltar. Falaremos sobre isso mais adiante.

No próximo capítulo, veremos uma das coisas mais importantes deste livro. Como se preparar para provas!

RESUMINDO

- **Videogames de ação podem melhorar sua capacidade de concentração.** Também podem melhorar sua visão. E até serem especialmente proveitosos para pessoas idosas, ajudando-as a manter o foco.
- **Videogames espaciais podem melhorar sua habilidade de rotacionar objetos mentalmente** — habilidade importante em matemática e ciências.
- Uma desvantagem de videogames é que, como qualquer outra atividade prazerosa, podem ser viciantes. Use o bom senso para evitar exageros.

- **Para desenvolver sua flexibilidade mental, aprenda alguma coisa completamente diferente de sua paixão.** Você verá conexões que formarão novas ideias criativas, o que ajuda em seu desempenho. Aprender algo muito diferente também evita o "pensamento viciado".
- **Faça anotações à mão.** Fica mais fácil construir correntes cerebrais com as ideias-chave dessa maneira.
- **Uma memória de trabalho ruim pode ser uma coisa boa.** Ela permite que você:

  — Enxergue simplificações sofisticadas que passam despercebidas pelos outros;
  — Seja mais criativo.

- **Pensadores "lentos" conseguem entender uma matéria ou problema tão bem quanto os pensadores "velozes".** Pensadores mais lentos talvez precisem de mais tempo, mas na verdade às vezes podem entender a matéria melhor do que os velozes.

Agora tente! Escreva

Fisioterapeutas ajudam a tratar problemas físicos usando o movimento. A fisioterapeuta espanhola Elena Benito afirma: "Como fisioterapeuta, sei que as mãos apresentam muitas conexões com o cérebro. Cada letra escrita à mão faz com que quantidades extraordinárias de informação trafeguem entre o cérebro e as mãos."

Elena Benito sabe como o movimento é importante para entendermos algo difícil que estamos tentando aprender.

Elena aconselha:

"Quando você não entende algum tópico, seja uma fórmula matemática, ou uma frase muito longa, simplesmente escreva-a uma, duas vezes... Às vezes isso ajuda na compreensão. Escrever à mão pode nos ajudar a pular barreiras mentais e a instalar a informação com mais profundidade em outros locais do cérebro onde será processada de forma diferente."

Na próxima vez que encontrar algo difícil, tente o truque que Elena ensinou. Escreva!

Pausa para recordar

Quais foram as ideias principais deste capítulo? Qual ideia é mais importante; ou há várias ideias igualmente importantes? Feche o livro e tente recordar.

Marque este quadrado quando terminar: ☐

CONFIRME SEU ENTENDIMENTO

1. Quais os dois tipos de jogos de videogame que podem melhorar nossa capacidade mental? Por quê?
2. Cite um aspecto ruim dos videogames que foi destacado neste capítulo.
3. Qual a ideia-chave por trás de boas anotações?
4. O que é "pensamento viciado"?
5. Se quisermos ser mais criativos e melhorar em algo de que gostamos muito, o que devemos fazer?
6. O que é transferência?
7. Explique por que uma memória de trabalho ruim pode ajudar a enxergar atalhos sofisticados que outros não percebem, e também a ser mais criativo.
8. Dê um exemplo de uma matéria ou habilidade que um aprendiz "mais lento" pode aprender tão bem quanto um aprendiz "veloz", mesmo que leve mais tempo.

(Quando tiver terminado, compare suas respostas com as que estão no final do livro.)

Você passeou pelas figuras, olhou as perguntas ao final e seu caderno. Está preparado para o próximo capítulo? ☐

CAPÍTULO 15

COMO SE DAR
BEM NAS PROVAS

Um alerta importante. Se você pulou o resto do livro e veio diretamente para este capítulo, não terá o mesmo proveito que teria se lesse o livro todo.

Você está lendo este capítulo porque provas são importantes. Isso é um fato da vida. Em um mundo ideal todos aprenderíamos apenas porque queremos saber mais sobre coisas interessantes. Educação é muito mais do que passar nas provas. Mas elas são importantes para mostrar a você mesmo (e a outras pessoas) que aprendeu algo bem. Elas podem ser marcos importantes da vida quando você passa da escola para a faculdade, ou da faculdade para uma profissão.

Provas podem até mesmo ser divertidas. É verdade!

As pesquisas mostram que as provas são uma das melhores formas de ajudá-lo a aprender. Você pode aprender mais em uma hora de prova do que em uma hora de estudo[1] (durante uma prova, tentamos intensamente recordar qualquer pedacinho que pudermos de uma matéria. Quando estamos apenas estudando, nem tanto).

Lembra-se de como ressaltamos a importância de recordar? De agarrar as correntes cerebrais quando arrastamos algo da memória de longo prazo? Sabemos que recordar fortalece a aprendizagem. É como uma prova que você aplica a si mesmo.

Quando comecei a dar aulas, aprendi muito com um grande educador de engenharia chamado Richard Felder. Dr. Felder me ensinou muito sobre como ensinar bem. Ele tem o sonho de ajudar os alunos a serem bem-sucedidos.

Abaixo está uma lista parecida com a que Dr. Felder criou para que seus alunos fizessem boas provas.[2] Como usá-la? Simplesmente faça o possível para responder "Sim" ao máximo de perguntas.

Lista de organização para provas*

Responda "Sim" apenas se você tiver feito estas coisas:

1. Você dormiu o bastante na noite anterior à prova? (Se a resposta for "Não", talvez as próximas perguntas nem importem mais)	____ Sim	____ Não
2. Você **revisou** suas anotações de aula pouco tempo depois? Você usou a técnica de **recordar ativamente** durante sua revisão para ver se conseguia recuperar as ideias-chave com facilidade?	____ Sim	____ Não
3. **Você estudou um pouco por vários dias** em vez de deixar tudo para a última hora?	____ Sim	____ Não
4. Você se concentrou bastante durante suas sessões de estudo, fazendo seu melhor para **evitar distrações**, exceto durante as pausas?	____ Sim	____ Não
5. Você estudou em **lugares diferentes**?	____ Sim	____ Não

---

* Uma cópia dessa lista pode ser obtida em https://barbaraoakley.com/books/learning-how-to-learn [em inglês].

6. **Você leu seu livro didático ou materiais de aula cuidadosamente** (apenas procurar pelas respostas não conta)? Enquanto lia, você evitou sublinhar e destacar demais o livro? Você fez anotações sobre as ideias-chave do livro e tentou recordá-las em seguida?	____Sim	____Não
7. Se seus estudos envolviam resolução de problemas, **você trabalhou ativamente com os exemplos principais** e refez esse treino para transformá-los em correntes cerebrais para recuperar a solução rapidamente?	____Sim	____Não
8. **Você conversou sobre a tarefa de casa com seus colegas,** ou ao menos comparou suas respostas com as deles?	____Sim	____Não
9. **Você trabalhou ativamente com cada questão da tarefa de casa sozinho?**	____Sim	____Não
10. **Falou com seus professores, ou com outros alunos que poderiam ajudar,** quando estava com dificuldade de entender?	____Sim	____Não
11. Você passou a maior parte do seu tempo de estudo focando no material que achou mais difícil? Ou seja, você **praticou deliberadamente**?	____Sim	____Não
12. Você **intercalou** seus estudos? Em outras palavras, praticou quando usar técnicas diferentes?	____Sim	____Não
13. Explicou ideias-chave para si mesmo, e talvez para outras pessoas, usando **metáforas e imagens engraçadas**?	____Sim	____Não
14. Fez pausas eventuais dos estudos que incluíram alguma **atividade física**?	____Sim	____Não
TOTAL:	____Sim	____Não

Quanto mais "Sim" você responder, melhor foi a sua preparação para a prova. Se marcou três ou mais "Não", pense seriamente em fazer mudanças na sua preparação para a próxima prova.

A técnica do início difícil: aprendendo quando desconectar

Por muitos anos os alunos ouvem que devem começar a prova pelos problemas mais fáceis. A neurociência diz que essa não é uma boa ideia (a não ser que você não tenha estudado coisa alguma. Aí deve obter o máximo de pontos que puder!).

Quando começar a prova, faça o seguinte: olhe rapidamente a prova inteira. Marque as questões que acha mais difíceis. Depois escolha uma dessas e comece a trabalhar. Sim, é isso mesmo: uma questão difícil (coma os sapos primeiro!). Trabalhe nessa questão por mais ou menos dois minutos — ou até você sentir-se empacado.

Assim que empacar, pare. Procure uma questão mais fácil para aumentar sua confiança. Resolva uma ou duas questões fáceis. Então volte à difícil. Talvez agora consiga progredir um pouco.

Como assim?

A técnica do início difícil faz com que você use o cérebro como um tipo de processador duplo. Seu modo difuso pode atuar sobre a questão difícil assim que você tira seu foco dela. Enquanto o modo focado está trabalhando com a questão mais fácil, o modo difuso trabalha na retaguarda com mais difícil. Se você esperar até o final da prova para concentrar-se nas questões mais difíceis, seu foco evitará que o modo difuso trabalhe.

Você pode utilizar essa técnica do "início difícil" na tarefa de casa também. Um erro comum é começar com uma questão difícil e continuar trabalhando nela por muito tempo sem fazer progresso. Ter trabalho e até um pouco de frustração é normal. Mas se a frustração durar muito, você precisa desconectar! Quanto tempo é muito para trabalhar em um problema? Talvez cinco ou dez minutos — depende da matéria e da sua idade.

A técnica do início difícil é válida tanto para provas como para o dever de casa, porque permite que você use os dois modos do cérebro mais efetivamente. Também é um treino valioso para desconectar e passar para questões que você é capaz de resolver. Desconectar é um grande desafio para quem está fazendo prova: o tempo pode acabar sem que tenhamos resolvido problemas fáceis que conseguiríamos resolver.

Durante uma prova, é preciso desconectar mais depressa quando nos sentimos empacados do que quando estamos fazendo a tarefa de casa. Uma regra geral é, se ficar empacado por mais de dois minutos numa prova, mude de questão!

O melhor estresse? Estresse de prova!

Pesquisas mostram que quanto mais praticarmos recordar ativamente semanas antes de uma prova, menos o estresse vai nos incomodar quando estivermos fazendo a prova.[3] Então, se provas são estressantes para você, é especialmente importante que pratique recordar em seus estudos.

Sejamos honestos, porém: é fácil ficar estressado durante uma prova. As palmas das mãos ficam suadas, o coração acelera e dá um frio na barriga. Isso acontece porque nosso corpo libera substâncias quando estamos sob estresse. Surpreendentemente, essas sensações podem ajudar na prova.[4] Quando perceber que está ansioso, tente mudar de perspectiva. Em vez de pensar "essa prova me deixa ansioso", pense "essa prova me deixou empolgado para fazer o meu melhor!"[5]

Quando você fica nervoso, tende a respirar pelo peito.*[6] Essa respiração "superficial" não fornece muito oxigênio.

Você começa a sentir um pânico que não tem nada a ver com a prova. É apenas a falta de oxigênio! Se tende a ficar nervoso antes de uma prova, praticar respiração profunda pode ajudar.

Para respirar profundamente, coloque a mão na barriga. Sua mão deve mover-se para a frente quando você inspirar, como mostra a figura. Tente imaginar dentro da sua barriga uma bexiga que ao encher também expande as suas costas. Pratique a respiração profunda nos dias anteriores à prova, para se acostumar. Fique de lado em frente ao espelho e tente por mais ou menos trinta segundos.

A respiração superficial ocorre no parte de cima do peito. A respiração profunda ocupa a parte de baixo do peito. A respiração profunda ajuda a reduzir sensações de pânico.

---

* Respiração superficial é uma má ideia. Então por que as pessoas respiram assim quando estão nervosas? Porque os olhos são detectores de movimento naturais. Ao ficar imóveis, os animais às vezes evitam ser detectados quando estão em plena vista. Respirar superficialmente, ou até mesmo segurar a respiração momentaneamente, pode ajudar uma pessoa ou animal a ficar o mais imóvel possível.

Na próxima vez que mostrar um pássaro ou outro animal para um amigo, observe o seu amigo. Mesmo que você esteja apontando diretamente para o animal, é comum que seu amigo só consiga ver quando o animal se mexer.

Algumas sugestões finais para ter sucesso na prova

Cuidado com o "pensamento viciado". Assim que escrevemos a resposta para uma questão, é fácil pensar que ela está correta.

Quando você já tiver passado pela prova uma vez (se tiver tempo), tente fazer sua mente olhar para as questões de novo, com novos olhos. Pisque e fixe o olhar num ponto distante para entrar brevemente no modo difuso. Leia as questões em uma ordem diferente da que você as resolveu. Se possível, pergunte a si mesmo "Essa resposta faz sentido?". Se você calculou que precisa de dez bilhões de litros de água para encher o aquário da sala de aula, alguma coisa está errada!

Às vezes estudamos muito, mas ainda assim não nos saímos bem. Se você se prepara bastante, porém, a sorte tende a sorrir.

Pausa para recordar

Quais foram as ideias principais deste capítulo? O que você fará diferente em sua preparação para provas depois de ler este capítulo?

Marque este quadrado quando terminar: ☐

RESUMINDO

- Use uma **lista de organização para provas** para se certificar de que está se preparando adequadamente.
- Use a **técnica do início difícil**. Se você estudou bastante, comece a prova com uma questão difícil. Quando sentir que está empacado mude para uma mais fácil. Você pode voltar à questão difícil mais tarde. Avançará mais assim do que se deixasse a questão difícil apenas para o final, quando restar pouco tempo.

- Seu corpo libera substâncias quando está empolgado ou nervoso. **A forma como você interpreta seus sentimentos faz diferença.** Se mudar o pensamento de "Essa prova me deixou com medo" para "Essa prova me deixou empolgado para fazer meu melhor!", seu desempenho vai melhorar.
- **Respire profundamente** algumas vezes se sentir pânico antes ou durante a prova.
- **É fácil cometer erros em uma prova.** Sua mente pode levar você a pensar que o que fez está correto, mesmo que não esteja. Isso significa que, sempre que for possível, você deve piscar, desviar a atenção e verificar suas respostas utilizando uma perspectiva ampla, perguntando a si mesmo: "Isso faz mesmo sentido?" Tente revisar as questões em uma ordem diferente da que você fez.
- Faça o que fizer, sempre procure ao máximo **dormir bem** antes de uma prova.

Agora tente! Crie suas próprias questões de prova

Uma boa maneira de se preparar para uma prova é tentar pensar como o professor. Crie algumas questões que você acha que seu professor pode perguntar. Se quiser, tente esse exercício com um amigo que também esteja estudando para a mesma prova. Você verá que muitas das suas questões serão iguais às do seu amigo. E ficará ainda mais surpreso quando elas aparecerem na prova!

CONFIRME SEU ENTENDIMENTO

1. Qual é a parte mais importante da preparação para uma prova? (Dica: se você não fizer essa parte, nada mais importa.)
2. Como saber o momento de ira para uma questão fácil da prova quando estamos usando a técnica do início difícil?
3. Descreva duas técnicas para acalmar a si mesmo caso comece a sentir pânico antes da prova.
4. Que tipo de truque mental você pode usar para conseguir identificar respostas incorretas na prova?

(Quando tiver terminado, compare suas respostas com as que estão no final do livro.)

Você passeou pelas figuras, olhou as perguntas ao final e seu caderno. Está preparado para o próximo capítulo? ☐

CAPÍTULO 16

TRANSFORMANDO OBRIGAÇÃO EM PRIVILÉGIO

Lembra-se do Santiago Ramón y Cajal? O "garoto problema" que se tornou neurocientista? Dissemos que ele não era um gênio e mesmo assim ganhou um prêmio Nobel. Como mencionamos, às vezes Santiago sentia-se mal porque não conseguia aprender muito rápido e sua memória não era muito boa. Mas no final ele percebeu que tinha algumas vantagens. Essas vantagens às vezes faziam com que ele fosse melhor do que os gênios. O que poderiam ser essas vantagens?*

Falaremos das vantagens de Santiago em breve. Enquanto isso, parabéns! Você realizou seu percurso por descobertas sobre aprendizagem que vão ajudá-lo pelo resto da vida. Você também lidou com muitas metáforas doidas: polvos elétricos com quatro braços, zumbis que jogam pinball, ratos em sua floresta-mente, correntes cerebrais, aspiradores sinápticos... Foi como um canal de desenho animado!

---

* Se você é um gênio, consegue encontrar um jeito de incorporar as estratégias do Santiago?

Somos como um canal de desenho animado!

Então, ótimo trabalho! Você deixou sua imaginação trabalhar para aprender um pouco de ciência desafiadora. Espero que as metáforas tenham ajudado.

Neste capítulo, quero revisitar as principais lições do livro. Afinal, você agora já sabe que a repetição é fundamental para aprender.

Mas primeiro quero fazer uma pergunta importante.

Para quê?

Sério. De verdade. Para que aprender? Por que você deveria se importar com isso? Por uma perspectiva, somos apenas minúsculas manchinhas em uma rocha no meio de um universo inimaginavelmente vasto.

Antes de continuar a ler, gostaria que você tentasse responder esta pergunta: para que aprender *qualquer coisa*? Tente responder das formas mais diferentes que puder. Pense em cinco razões e dê algum tempo a si mesmo para pensar. Encontre alguém para quem explicar suas ideias e veja o que ele/ela tem a dizer. Ou tente escrever suas ideias. No mínimo, pense bastante em qual seria sua resposta. Depois vire a página e veja algumas ideias possíveis.

Aqui estão algumas coisas que as pessoas *podem* dizer sobre razões para aprender:

- Você tem que aprender para que seus pais deixem você brincar.
- Você tem que aprender para não levar uma advertência a professora.
- Você tem que aprender porque a lei obriga todas as crianças acima de quatro anos a estarem na escola.
- Você tem que aprender para se formar, ir para a faculdade e conseguir um emprego.
- Você tem que aprender para ter opções para o futuro.
- Você pode aprender para continuar a seguir suas paixões.
- Você pode aprender para descobrir mais sobre os mistérios do universo.
- Você pode aprender para explorar seu incrível potencial.
- Você pode aprender para ajudar a humanidade a resolver alguns dos problemas do mundo.
- Você pode aprender porque é um ser humano questionador.

É claro que existem outras razões. Mas de algum modo todas as razões acima são verdadeiras.

Percebeu o que fiz na metade da lista para baixo? Mudei de "tem que aprender" para "pode aprender". Mudei de uma obrigação, algo sobre o que você não tem escolha, para um privilégio. Ou seja, algo que você tem sorte por ser capaz de fazer. São as duas coisas. Você levará advertência se não fizer a tarefa de casa. Então, a não ser que goste de advertência, essa é uma razão válida para fazer sua tarefa. Mas não é uma razão inspiradora para estudar. Funciona melhor quando você enxergar razões positivas, que despertem seu interesse, e não só evitar punição.

Tenho a sorte de aprender!

Vivemos nesta rocha misteriosa chamada Terra, em um lugar e tempo específicos. E temos (provavelmente) a tecnologia mais avançada do universo dentro de nossos crânios (a não ser que existam alienígenas com inteligência ainda mais extraordinária do que eu e você; nesse caso será muito interessante aprender sobre eles!). Mas não seria um grande desperdício de nosso tempo na Terra não aproveitar ao máximo a ferramenta impressionante que temos entre as orelhas?

Quanto mais jovem você for quando aprende como aprender de forma mais efetiva, mais tempo terá durante a vida para aproveitar os benefícios. Aprender é um privilégio. Em algumas partes do mundo, as crianças não têm acesso algum a livros, computadores ou professores. Acredito que devemos às crianças que não podem ir à escola aproveitar ao máximo nossas oportunidades. Quero encorajá-lo a aprender por todas aquelas razões e outras mais. Afinal de contas, como Terry diz, nunca sabemos quando aquilo que aprendemos poderá ser útil.

Aprenda a aprender para seguir suas paixões. Mas não siga apenas suas paixões. Esse foi meu erro quando eu era jovem. Há muitas coisas a aprender para abrir portas que você nem imagina que existem. Amplie suas paixões, aprenda e curta novas matérias além daquela que você acha que consegue aprender.

Você estará mais preparado para o que quer que a vida coloque em seu caminho. O mundo está mudando rapidamente e começará a mudar mais rápido ainda. Aprender a aprender é uma das melhores habilidades que você pode ter.

O que fazer e o que não fazer para aprender

Agora, de volta às principais lições do livro.

Você sabe que recordar é uma das melhores formas de aprender. Então aqui vai meu segundo desafio do capítulo. Veja se consegue fazer uma lista das lições que você considera as mais importantes deste livro. Você pode incluir ideias para ajudar sua aprendizagem, assim como armadilhas a evitar.

Quais são suas cinco ideias preferidas do livro? Sem espiar até que consiga pensar pelo menos em cinco! Não se preocupe se precisar forçar a mente para se lembrar. Seu polvo da atenção não segurou essas correntes cerebrais até agora, então ainda está se acostumando com elas. Não se preocupe se sua lista é diferente da minha. Se você listou algumas dessas ideias-chave, isso é o que importa.*

Aqui está minha lista de ideias principais do livro para ajudar sua aprendizagem:

1. Faça uso tanto do modo **focado** intenso como do modo **difuso** relaxado. Se ficar frustrado, é hora de mudar de tópico. Ou fazer um pouco de exercício físico!
2. Crie **correntes cerebrais** praticando, repetindo e recordando. Pratique a resolução de problemas importantes

* Você encontra a lista "10 ideias para ajudá-lo a aprender e 10 armadilhas para evitar" em https://barbaraoakley.com/books/learning-how-to-learn [em inglês].

para que consiga recordar cada passo. Soluções, conceitos e técnicas devem fluir em sua mente como uma música.

3. **Intercale**. Não pratique apenas com mudanças sutis da mesma técnica básica. Alterne entre técnicas diferentes. Isso permitirá que você entenda quando deve usar determinada técnica. Os livros normalmente não ajudam a intercalar. Você terá que praticar pulando para a frente e para trás entre as ideias dos diferentes capítulos.

4. **Estude ao longo dos dias.** Pratique durante vários dias. Assim suas sinapses terão mais tempo para se formar.

5. **Exercite-se!** O exercício físico alimenta seus neurônios. Também cria e fortalece novas sinapses.

6. **Teste a si mesmo**. Peça para outros testarem você. Ensine outras pessoas. Para tudo isso é preciso recordar. Testar e recordar são as melhores formas de fortalecer o aprendizado.

7. **Utilize figuras e metáforas engraçadas** para acelerar sua aprendizagem. Comece usando palácios da memória.

8. **Use a técnica pomodoro** para desenvolver sua habilidade de se concentrar e relaxar. Desligue todas as distrações, ajuste o cronômetro para 25 minutos, concentre-se e depois recompense a si mesmo.

9. **Coma os sapos primeiro.** Comece pelo trabalho mais difícil. Assim você consegue terminá-lo ou fazer uma pausa para que seu modo difuso ajude.

10. **Encontre maneiras para aprender ativamente, fora de suas aulas normais.** Procure outras explicações na internet. Leia outros livros. Entre para um clube. Se não encontrar um clube do assunto que te interessa, veja se consegue começar um.

E aqui estão dez armadilhas para evitar em sua aprendizagem:

1. **Não dormir o bastante.** O sono torna suas correntes cerebrais mais fortes e elimina toxinas do cérebro. Se não tiver uma boa noite de sono antes de uma prova, nada que fizer vai adiantar.

2. **Leitura e releitura passivas.** Você precisa praticar o exercício de recordar ativamente, não apenas deixar os olhos passarem pelo material.

3. **Destacar ou sublinhar.** Não se engane! Apenas destacar ou sublinhar grandes pedaços de texto não fixa coisa alguma em sua cabeça. Faça anotações breves sobre os conceitos-chave que estiver lendo na margem ou em um pedaço de papel. Essas anotações vão ajudá-lo a criar correntes cerebrais com os conceitos-chave.

4. **Olhar a resposta para um problema** e achar que entendeu. Você precisa resolver o problema sozinho.

5. **Cramming.** Aprendizagem no último minuto não constrói correntes cerebrais sólidas.

6. **Aprendizagem preguiçosa.** Não pratique apenas conteúdos fáceis. É como aprender a jogar basquete focando no drible. Utilize a prática deliberada — concentre-se no que você acha mais difícil.

7. **Ignorar o livro.** Se estiver usando um livro didático para estudar, lembre-se de caminhar pelas figuras do livro ou pelas anotações de aula antes de seguir adiante. E certifique-se de ler sobre como resolver os problemas antes de tentar resolvê-los!

8. **Não esclarecer pontos de dúvida.** Há apenas alguns pontos que você não entendeu? É possível que sejam justamente esses que estarão na prova. Peça ajuda a seu professor ou amigos.

9. **Distrações.** Escolha um lugar onde consiga concentrar-se enquanto estuda. É uma boa ideia deixar seu smartphone desligado e fora do seu alcance.

10. **Conversar com amigos em vez de estudar.** Bons grupos de estudo podem ser uma ótima maneira de aprender. Mas "grupos de estudo" que são mais de fofoca do que de estudo não servem muito.

Agora tente! Você se torna o professor

Terry, Al e eu compartilhamos tudo o que sabemos neste livro para ajudá-lo a aprender melhor. Agora é sua vez.

Compartilhe alguma coisa que você descobriu neste livro sobre aprendizagem. Você pode compartilhar com amigos, com seu irmão ou irmã ou alunos mais novos da escola (crianças menores adoram aprender com alunos mais velhos). Você pode compartilhar até mesmo com seus pais e professores. Conte a eles a história inspiradora de Al aprendendo química!

Compartilhe o que aprendeu — essa é uma das melhores partes de aprender!

Faça desenhos. Invente histórias engraçadas. Explique o que são neurônios e correntes cerebrais e por que eles são importantes. Lembre-se: todo mundo tem dificuldades quando está aprendendo. Se você encontrou maneiras de superar essas dificuldades, compartilhe!

Você vai se lembrar melhor das lições ensinando. E vai se divertir com isso. Você pode ser o professor e ajudar alguém ao mesmo tempo!

De Volta a Santiago Ramón y Cajal

A pesquisa de Santiago com os neurônios levou-o a uma descoberta importante sobre os gênios e a importância de pessoas aparentemente mais comuns.

Santiago admitia que não era um gênio. Então qual era sua mágica? Por que ele foi capaz de fazer grandes descobertas quando até os gênios haviam falhado? Existem três razões importantes.

Primeiro, Santiago manteve suas opções abertas. Sua paixão original era a *arte*. E ele nunca desistiu dela. Apenas adicionou algo novo a sua vida quando decidiu aprender ciências. Gradualmente, a ciência também se tornou uma paixão para ele. Foi devido a Santiago ter desenvolvido habilidades em duas áreas muito diferentes que ele pôde vencer o prêmio Nobel. Ele encontrou um jeito de manter a arte que amava e aplicá-la à ciência.[1]

Então, enquanto for jovem, seja como Santiago. Não limite muito suas opções. O mundo está ficando mais complicado agora e precisamos de pessoas com interesses e habilidades mais amplos. É bom aprender um assunto profundamente, mas tente ampliar suas paixões. Se você gosta mais de matemática, aprenda sobre arte, música e literatura. Se gosta mais de artes, música ou literatura, aprenda um pouco de matemática e ciências! Não precisa ser um superstar. Procure apenas abrir portas que possam ajudá-lo no futuro. Vale a pena repetir — você nunca sabe quando o que aprendeu pode acabar sendo útil.

O mundo precisa de pessoas que combinem talentos de áreas bem diferentes!

Segundo, Santiago era persistente — ele não desistiu de tentar aprender. Quando decidiu aprender matemática, voltou ao básico e aos poucos foi avançando. Foi difícil, mas ele perseverou. Quando decidia entender algo, continuava até conseguir. Persistentemente. Persistência é uma das partes mais importantes da aprendizagem. Mas lembre-se de que persistência não significa trabalhar sem parar na mesma coisa. Significa voltar ao trabalho depois de pausas no modo difuso!

Terceiro, Santiago era flexível. Aprendizes superinteligentes podem acostumar-se a estarem sempre certos. Sentir que estamos certos é bom, mas essa sensação também pode ser viciante.[2] Santiago percebeu que os aprendizes superinteligentes chegam a conclusões de forma precipitada (afinal eles têm cérebros "carros de corrida"). Mas se as conclusões estiverem erradas, pode ser difícil para eles admitirem isso. Podem até evitar descobrir que estão errados propositalmente. Isso os faz sentirem-se melhor do que admitir que estão errados. Trata-se de um "pensamento viciante" de correção.

Santiago não era um gênio. Então precisou praticar até corrigir seus erros. Mais tarde, quando se tornou cientista, procurou ativamente por maneiras de determinar se estava certo ou errado. *Quando estava errado, mudava de ideia.* Essa é uma parte importante de seu sucesso ao fazer descobertas inovadoras que o levaram ao prêmio Nobel.

Nem todos precisamos ou queremos ganhar o prêmio Nobel. Mas podemos descobrir algo valioso com o exemplo do Santiago. Uma das partes mais importantes de aprender é ser capaz de admitir erros e ser flexível para mudar de opinião. Se for capaz de aprender isso, você terá potencial para contribuir mais até do que alguns dos gênios mais brilhantes.

Se, como a maioria das pessoas, você não é um gênio, tudo bem. Ainda tem muito a contribuir com o mundo. Não importa se no momento você é ou não muito inteligente, pode usar as estratégias deste livro para abrir novas portas para si mesmo e para outras pessoas.

Às vezes a jornada de aprendizado pode parecer muito solitária. Mas nunca estamos sozinhos. Imagine Terry, Al e eu andando pelas suas trilhas de rato mentais ao seu lado, incentivando você enquanto aprende. Nosso livro demonstra o trabalho de grandes pesquisadores cujas constatações podem ajudar muito a vivermos uma vida com mais sentido e mais feliz, repleta das alegrias da descoberta.

Terry, Al e eu desejamos que você tenha muito sucesso em sua jornada de aprendizado. E lembre-se: a sorte favorece aquele que tenta!

RESPOSTAS DOS PROBLEMAS

CAPÍTULO 2

1. Estar em modo focado significa que você está prestando bastante atenção em alguma coisa.
2. O modo difuso é quando sua mente viaja livremente, sem se concentrar em nada específico. Você pode escolher suas atividades de modo difuso favoritas!
3. O pinball ajuda-nos a entender como o cérebro funciona. Temos dois tipos de máquinas diferentes. Primeiro, temos uma máquina com os pinos de borracha próximos uns dos outros. Essa disposição imita nosso pensamento concentrado quando estamos no modo focado. Mas temos outra máquina com os pinos bem distantes uns dos outros. Essa é parecida com o modo difuso, no qual nossos pensamentos podem percorrer espaços mais amplos. Se não mantivermos o foco usando os botões, a bola-pensamento pode sair pelo buraco da máquina focada e cair na máquina difusa!
4. Algumas outras metáforas para os modos difuso e focado são:

Em uma partida de futebol:

- O árbitro da partida é como o modo focado.
- O comentarista da partida é como o modo difuso.

No Google Maps:

- Aumentando o zoom é como o modo focado.
- Diminuindo o zoom é como o modo difuso.
  Precisamos aproximar e distanciar o zoom para encontrarmos o caminho.

Em um jardim:

- O modo focado é como espaçar e plantar cuidadosamente as sementes no final do inverno.
- O modo difuso é como a primavera, quando o jardim floresce com surpresas inesperadas graças ao clima, aos pássaros e aos insetos.

5. A primeira forma de empacar ao resolver um problema de matemática ou ciências é quando você não se concentrou o bastante nos fundamentos antes de começar a resolver o problema. Quando isso acontece, você precisa voltar ao livro ou às anotações para ter os fundamentos na mente. A outra forma é quando você se concentrou bastante nos fundamentos, mas não fez uma pausa quando ficou empacado. Fazer uma pausa quando estamos empacados ajuda o modo difuso a trabalhar na retaguarda da mente, sem percebermos.

6. É você quem escolhe o hábito de estudo que quer mudar!

CAPÍTULO 3

1. Procrastinação significa atrasar ou deixar para depois alguma coisa que deveríamos estar fazendo.

2. A procrastinação é ruim para sua aprendizagem porque você fica sem tempo para aprender adequadamente. E você gasta muita energia se preocupando com isso. Assim, você só tem a perder.

3. Pensar sobre alguma coisa que você não goste ou não queira fazer aciona o córtex insular. Isso causa uma sensação dolorida. Para nos livrarmos da dor, acabamos mudando nossa atenção para algo mais prazeroso. A dor no cérebro cessa imediatamente, mas o que fizemos foi procrastinar.

4. Essa explicação é você quem escolhe!

5. A recompensa é a parte mais importante do processo pomodoro.

6. Durante a pausa entre pomodoros, tente fazer alguma coisa que use uma parte diferente do cérebro. Se estava escrevendo um relatório, não fique nas redes sociais. As melhores pausas envolvem levantar-se e movimentar-se.

7. Se você terminar uma tarefa durante uma sessão de pomodoro, muito bem. Mas o objetivo do pomodoro não é terminar a tarefa e sim trabalhar o mais atentamente possível por 25 minutos.

8. O modo zumbi economiza bastante energia. Pensar sobre todas as coisas individualmente pode ser um mau uso da sua capacidade cerebral.

9. Embora o modo zumbi ajude a economizar energia, você também pode acabar adotando maus hábitos. Como fazer algo mais prazeroso em vez de algo que precisa ser feito. Em outras palavras, o modo zumbi pode levar à procrastinação.

10. Os comedores de arsênico acostumaram-se a comer arsênico e não perceberam que aquilo estava prejudicando-os. Da mesma forma, podemos acostumar-nos a procrastinar e não perceber como isso nos prejudica.

11. Recordar ativamente significa recuperar informação-chave de sua própria mente, em vez de procurar em seu livro ou anotações. Uma maneira de recordar é ler uma página, depois tirar os olhos do livro e ver se consegue recordar a ideia-chave daquela página.

CAPÍTULO 4

1. Os sinais que os neurônios enviam para outros neurônios formam seus pensamentos.

2. Essa é com você.

3. O axônio dá um choque na espinha dendrítica. Em outras palavras, um sinal passa do axônio de um neurônio para a espinha dendrítica do próximo neurônio.

4. Quando uma metáfora deixa de funcionar, criamos uma nova.

5. Os microscópios do início do século XX não eram muito bons se comparados aos que temos hoje. Os cientistas pensavam que o

cérebro era uma grande rede interconectada porque os neurônios ficam tão perto um dos outros que eles não conseguiam enxergar nenhum espaço (fenda sináptica) entre eles.

6. Uma corrente cerebral são neurônios que ficaram conectados por meio do uso repetido das conexões sinápticas. As correntes cerebrais são desenvolvidas quando aprendemos algo novo e o praticamos repetidamente.

7. Os ratos correm por trilhas na floresta, assim como os pensamentos correm pelos neurônios e sinapses. Quanto mais o rato corre pela trilha, mais larga e demarcada ela fica. De maneira semelhante, quanto mais "pensamos um pensamento", mais espessa e larga a trilha neural se torna, e mais forte ficam as correntes cerebrais.

8. Quando aprendemos algo novo, formamos novas conexões/sinapses/espinhas dendríticas em nosso cérebro (qualquer dessas funciona).

CAPÍTULO 6

1. O sono é importante para a aprendizagem porque é enquanto dormimos que novas espinhas dendríticas e suas sinapses realmente aparecem e desenvolvem-se. É durante o sono que a mente também ensaia a informação que você aprendeu. Os sinais elétricos que aparecem enquanto ensaiamos durante o sono são um dos motivos de as espinhas dendríticas e suas conexões sinápticas cresceram tão rapidamente.

2. As espinhas dendríticas são como detectores de mentira porque novas espinhas e suas sinapses crescem apenas se você está focado de verdade na nova informação que quer aprender; elas sabem quando você não está focado!

3. Quando você pratica uma ideia nova, a sinapse envolvida torna-se mais forte.

4. Quando divide seus estudos ao longo dos dias, você tem mais tempo para desenvolver as espinhas dendríticas e suas conexões sinápticas. Sua arquitetura neural fica mais forte.

5. Tente!

6. Essa é com você!

CAPÍTULO 7

1. Sua memória de trabalho é como uma mochila porque está sempre à mão, mas guarda uma quantidade limitada de informação.
2. Seu polvo da atenção (sua memória de trabalho) "mora" em seu córtex pré-frontal.
3. A memória de trabalho normalmente consegue segurar cerca de quatro itens de informação. Porém, algumas pessoas conseguem segurar mais do que quatro itens, outras menos.
4. Sua memória de longo prazo é como um armário porque consegue guardar mais "coisa". Na verdade, é capaz de guardar tanta coisa que às vezes fica difícil encontrar um item específico!
5. Sua memória de longo prazo fica espalhada por diferentes áreas do cérebro.

CAPÍTULO 8

1. Com certeza é possível desenvolver uma memória de longo prazo melhor (embora não saibamos como melhorar a memória de curto prazo atualmente). Para melhorar a memória de longo prazo, podemos usar as cinco dicas de memória do Nelson Dellis (foco, prática, imagem, armazenar, recordar). Também podemos usar a técnica do palácio da memória, músicas, metáforas, anotações, ensinar e explicar a outras pessoas ou imaginar-se como a coisa que está tentando lembrar ou entender.
2. A técnica do palácio da memória consiste em imaginar um lugar que você conhece bem, como sua casa, ou o caminho até a escola, ou um mapa de sua cidade, estado ou país. Em seguida, você cria imagens memoráveis com os fatos que está tentando lembrar. Depois, coloque essas imagens em lugares conhecidos do seu palácio da memória. Por fim, pratique recordar as imagens e o que elas representam.
3. Armazenamos informação de duas maneiras na memória de longo prazo: fatos, que são difíceis de guardar, e imagens que são fáceis de guardar.
4. Para fixar uma imagem ainda melhor na memória, deixe-a esquisita e inesquecível. E adicione um pouco de movimento. O

King Kong dançando em cima de um pote de aço pode ajudar a lembrar-se de que a letra K é a abreviação do elemento chamado potássio.

CAPÍTULO 9

1. As correntes cerebrais são importantes porque permitem processar informações mais rapidamente. Assim seu polvo da atenção não precisa fazer todo o trabalho.

2. O "polvo da atenção" é uma metáfora para os sistemas de memória de trabalho e atenção. Tem apenas quatro braços, então consegue segurar uma quantidade limitada de informação. Consegue alcançar a memória de longo prazo e trazer informação de lá diretamente para a memória de trabalho.

3. Vestir-se é um bom exemplo de procedimento armazenado em corrente cerebral. Quando você estava aprendendo a se vestir sozinho, às vezes demorava cinco minutos ou mais (Opa! A camiseta está de trás para a frente e do avesso!). Agora que já criou a corrente de como vestir-se, normalmente demora só um minuto.

   Talvez você saiba um problema de álgebra de trás para a frente, então consegue recordar ativamente cada passo. Você deve ser capaz de pensar em muitos outros exemplos de habilidades, técnicas e conceitos para os quais já fez as conexões em esportes, artesanatos, matemática, ciências, dança, línguas e muitas outras áreas. Até a simples habilidade de reconhecer a letra "a" é uma corrente cerebral; reconhecer a palavra "gato" é uma corrente maior.

4. A televisão, ou outro som ao fundo, pode distrair seu polvo da atenção. Isso ocupa um ou mais dos seus braços, tornando mais difícil para você usar sua memória de trabalho.

5. Você deve evitar alternar entre tarefas porque isso causa muito trabalho desnecessário para o seu polvo da atenção. Por exemplo, seu polvo está trabalhando com uma corrente cerebral. Aí tem que mudar para outra corrente. Depois precisa voltar à primeira corrente. Isso é muito cansativo!

6. Você pode deixar seu telefone em um local onde não possa vê-lo enquanto faz suas tarefas de casa. Se você fica constantemente

olhando para o telefone, está soltando as correntes cerebrais e terá que recuperá-las novamente. Outra coisa que pode fazer é usar o telefone enquanto estuda, com a ajuda de um aplicativo que faça o pomodoro.

7. Não, apenas entender um conceito não é suficiente para criar uma corrente cerebral. É preciso praticar o novo conceito para criar a corrente. Entendimento e prática caminham juntos. Quanto mais você praticar, mais vai compreender o que está aprendendo.

8. Podemos nos tornar especialistas em qualquer coisa quando desenvolvemos uma biblioteca de correntes cerebrais.

9. Se estivesse sendo resgatado de um incêndio, escolheria o bombeiro que praticou fisicamente o resgate de pessoas de um prédio em chamas. O combate a incêndios é uma atividade perigosa, em que cada segundo conta. O bombeiro precisa ser capaz de reagir rápido e adequadamente ao perigo a sua volta. Ele precisa de correntes cerebrais bem praticadas que possa acionar em condições de grande estresse. Apenas observar não desenvolve essas correntes.

CAPÍTULO 11

1. O hipocampo é especialmente importante para ajudá-lo a lembrar de fatos e eventos.

2. Seu cérebro é como um time de basquete porque novos jogadores chegam a cada ano, enquanto os mais velhos vão embora. Os novos jogadores aprendem novas jogadas. Da mesma forma, novos neurônios nascem no hipocampo todos os dias e ajudam você a aprender "novas jogadas".

3. Quando o BDNF é adicionado ao cérebro, as espinhas dendríticas crescem na altura e na largura.

4. O exercício físico:
   — **ajuda o cérebro a produzir BDNF**, que é como um fertilizante ajudando seus neurônios a crescer.
   — **melhora seu entendimento, tomada de decisão e capacidade de concentração.**
   — ajuda a **alternar entre tarefas.**

— ajuda na recuperação de doenças mentais.

— libera substâncias que ajudam a ter novas ideias.

5. Vegetais da família da cebola e da couve, frutas de todas as cores, chocolate amargo e nozes são ótimas opções para uma dieta saudável.

CAPÍTULO 12

1. Um quebra-cabeça é uma boa metáfora para a forma como encaixamos os conceitos porque cada peça é como um elo da corrente. Praticar com essas correntes cerebrais faz emergir a cor da peça. Quando encaixamos peças (correntes cerebrais) suficientes, tornamo-nos especialistas!

2. Intercalar é como embaralhar aleatoriamente um baralho de cartas. Embaralhando, qualquer carta pode aparecer. Se você praticar uma matéria intercalando, estará preparado para qualquer coisa que apareça em seu caminho. Isso faz com que você esteja mais preparado para questões inesperadas de uma prova.

3. Aprendizagem preguiçosa é quando você pratica apenas o que é fácil para você ou o que já aprendeu.

4. O Super-Homem diria que eu nunca serei capaz de dar grandes saltos nos estudos!

5. O conselho especial para ajudar com matemática, ciências e outras matérias abstratas é este: primeiro, encontre um problema; depois trabalhe com esse problema tantas vezes quantas forem necessárias para que o conhecimento flua como música em sua cabeça.

CAPÍTULO 13

1. Música alta cantada pode atrapalhar seus estudos. Mas algumas pessoas acham que música instrumental em volume baixo pode ajudar. Pessoas diferentes gostam de diferentes tipos de música quando estão estudando, e algumas preferem música nenhuma. Tudo depende de você.

2. Seu polvo da atenção pode ficar confuso se você estuda normalmente em um lugar e faz prova em outro. Se você puder estudar

em lugares diferentes, vai acostumar-se a agarrar as correntes cerebrais onde você estiver.

3. Se você acha que só aprende ouvindo ("auditivo"), pode acabar evitando outras formas de aprendizagem, como a visual. Isso pode prejudicar sua formação. A verdade é que todos aprendem melhor quando usam o máximo de sentidos possível.

4. Você consegue ver uma equação. Consegue ler a equação em voz alta. Assim, você ouve e sente o som que faz com a boca. Tente estender as mãos de cada lado do corpo e imaginar que um lado da equação está em uma das mãos e o outro lado está na outra (qual a sensação? A equação está "equilibrada"?). Tente imaginar um significado físico para os símbolos matemáticos. Por exemplo, às vezes um sinal de multiplicação é como um empurrão. Então a multiplicação por um número grande é um grande empurrão!

5. Quando dormimos, nossas células cerebrais encolhem. Isso faz com que os fluídos do cérebro eliminem as toxinas.

6. "Comer os sapos primeiro" significa tentar resolver as questões mais difíceis primeiro. Assim você tem tempo para mudar para outras matérias temporariamente se ficar empacado e precisar de um impulso criativo do modo difuso.

7. Planeje um horário rigoroso para encerrar seus estudos. Isso te ajudará a concentrar-se mais efetivamente quando estiver estudando.

CAPÍTULO 14

1. Jogos de videogame espaciais ou de ação ajudam a melhorar o pensamento. Os de ação melhoram a capacidade de concentração e a visão. Os espaciais melhoram a capacidade de rotacionar objetos na mente.

2. O aspecto ruim dos videogames é que eles podem ser viciantes. Por isso devem ser usados com moderação.

3. As anotações devem selecionar pontos-chave do que ouvimos para que possamos revisar e fortalecer correntes cerebrais. A melhor forma de fazer isso é escrever à mão. Divida um pedaço de papel em duas partes, para que possa fazer anotações iniciais

em um lado e depois fazer anotações mais curtas na outra quando revisar e recordar ativamente os pontos-chave.

4. O "pensamento viciado" acontece quando sua mente se acostuma a percorrer sempre as mesmas trilhas, ficando presa nessa rotina. Você acaba menos flexível em seu pensamento.

5. Para ser mais criativo e melhor em suas paixões, você precisa passar um tempinho fazendo algo bem diferente. Isso ajuda a mantê-lo mentalmente flexível e mais criativo. Usando metáforas, você consegue trazer ideias de uma matéria para outra, mesmo que sejam muito diferentes!

6. Transferência é a habilidade de usar uma ideia que você aprendeu em uma matéria para ajudá-lo a aprender outra matéria. Metáforas podem ajudar nesse processo.

7. Uma memória de trabalho ruim é quando seu polvo da atenção não tem muitos braços. Então é difícil segurar ideias complicadas na cabeça. Você precisa conectar algumas ideias para poder trabalhar com elas. Mas o processo de conectá-las simplifica o que você sabe! Assim você enxerga soluções simples e sofisticadas que outras pessoas não percebem. Além disso, alguns pensamentos escorregam facilmente dos braços do seu polvo da atenção. Mas quando um escorrega, outro gruda no lugar. Isso faz você ser mais criativo. Você precisa trabalhar mais do que outras pessoas para aprender e conectar informações? Sim. Mas as vantagens disso compensam!

8. Muitas habilidades e matérias podem ser aprendidas bem, independentemente se você é uma pessoa que aprende rápido ou devagar. Por exemplo, você pode demorar mais para aprender a andar de bicicleta do que outras pessoas, mas mesmo assim pode aprender a andar bem. Você pode levar mais tempo para aprender a multiplicar, mas ainda assim é capaz de multiplicar. Você pode precisar estudar o dobro de tempo (ou mais) para memorizar as partes de uma planta, mas ainda consegue memorizá-las.

CAPÍTULO 15

1. A coisa mais importante antes da prova é ter uma boa noite de sono!

2. Na técnica do início difícil, você deve parar de resolver uma questão difícil quando estiver empacado e começar a ficar frustrado.

3. Quando sentir pânico antes de uma prova, pratique a respiração profunda. Além disso, mude o pensamento de "Essa prova me deixou com medo" para "Essa prova me deixou empolgado para fazer o meu melhor!".

4. Para encontrar respostas incorretas na prova, psique, preste atenção em outra coisa e verifique suas respostas com uma perspectiva ampla. Pergunte a si mesmo: "Isso faz mesmo sentido?" Tente revisar as questões em uma ordem diferente da que respondeu.

SUGESTÕES DE LEITURA

Aqui estão algumas leituras valiosas que podem oferecer uma nova perspectiva para muitos tópicos vistos neste livro.

INTERNET

- **Khan Academy.** Esse site é incrível. Quanto mais praticar ativamente após cada vídeo, melhor! https://www.khanacademy.org [em inglês]
- **Smartick.** Esse programa oferece uma fundamentação sólida de matemática desenvolvida em prática consistente. Se estiver com dificuldade em matemática, este é um ótimo recurso. Se estiver indo bem em matemática, pode ajudá-lo a ficar ainda melhor. https://www.smartickmethod.com [em inglês]
- **BrainHQ.** Um dos poucos programas de "aprimoramento cognitivo" que utiliza conhecimento científico para se fundamentar. É bom especialmente para melhorar a concentração de idosos. Se sua avó ou seu avô reclama que não é mais atento como antigamente, esse programa é para eles! https://www.brainhq.com/ [em inglês]
- **Frontiers for Young Minds.** Ciência para crianças, editada por crianças e revista científica de acesso aberto escrita por cientistas e revisada por uma comissão de crianças e adolescentes. https://kids.frontiersin.org/ [em inglês]
- **The Queensland Brain Institute.** Esse Instituto tem excelentes recursos, podcasts e uma revista. https://qbi.uq.edu.au/ [em inglês]

- **BrainFacts.org.** Um site excelente com informações de todo tipo sobre como o cérebro funciona. http://www.brainfacts.org/ [em inglês]
- **The Nervous System, Crash Course.** https://youtu.be/qPix_X--9t7E [em inglês]. É engraçado e também informativo.
- **"5 Memory Tips to Get You Started"**, de Nelson Dellis. Quatro vezes campeão do Campeonato de memória dos Estados Unidos, Nelson Dellis tem uma série maravilhosa de vídeos com dicas de memória — para ajudá-lo a começar https://youtu.be/bEx60e_45-Q [em inglês]. Veja também o livro dele *Remember It!*.
- **"Learning How to Learn: Powerful Mental Tools to Help You Master Tough Subjects"**, curso on-line de Barb Oakley e Terrence Sejnowski pela Universidade da Califórnia, em San Diego. https://www.coursera.org/learn/learning-how-to-learn [em inglês].
- **"Mindshift: Break Through Obstacles to Learning and Discover Your Hidden Potential,"**, um curso on-line ministrado por Barb Oakley e Terrence Sejnowski, na Universidade da Califórnia, em San Diego. https://www.coursera.org/learn/mindshift [em inglês].

LIVROS EM INGLÊS PARA JOVENS SOBRE O CÉREBRO

- *My First Book About the Brain*, de Patricia J. Wynne e Donald M. Silver (New York: Dover Children's Science Books, 2013). Esse premiado livro para colorir é tão informativo que é utilizado em algumas aulas regulares. Direcionado para crianças de 8 a 12 anos, mas os adultos também curtem o processo relaxante de colorir enquanto aprendem.
- *The Brain: All About Our Nervous System and More!*, de Seymour Simon (New York: HarperCollins, 2006), para crianças de 6 a 10 anos. Com imagens coloridas obtidas em scanners radiológicos, discussões sobre memória de trabalho e de longo prazo, neurônios, dendritos e mais.
- *What Goes On in My Head?*, de Robert Winston (New York: DK Publishing, 2014), para crianças de 9 a 13 anos. Livro colorido que ajuda a entender como o cérebro funciona.

MELHORES PROGRAMAS BASEADOS EM NEUROCIÊNCIA PARA PESSOAS COM PROBLEMAS DE APRENDIZAGEM

Incluindo dificuldades de leitura, dislexia, transtornos do processamento auditivo, transtornos do espectro autista e outros problemas de aprendizagem mais genéricos

- https://www.scilearn.com, em especial, "Fast For Word" e o programa "Reading Assistant"

PROGRAMA BASEADO EM NEUROCIÊNCIA PARA APRENDIZES DE LÍNGUA INGLESA

- https://www.scilearn.com, em especial, o programa "Reading Assistant" (Há muitos programas e centros no mundo.)

LIVROS EM INGLÊS E PORTUGUÊS SOBRE APRENDIZAGEM PARA ADULTOS

- *The Art of Changing the Brain: Enriching the Practice of Teaching by Exploring the Biology of Learning*, de James E. Zull (Sterling, VA: Stylus Publishing, 2002).
- *The Art of Learning: An Inner Journey to Optimal Performance*, de Josh Waitzkin (New York: Free Press, 2008).
- *Deep Work: Rules for Focused Success in a Distracted World*, de Cal Newport (New York: Grand Central Publishing, 2016). Aprender muitas vezes envolve ser capaz de concentrar-se atentamente, e o livro de Cal propõe grandes ideias sobre isso.
- *I Am Gifted, So Are You!*, de Adam Khoo (Singapore: Marshall Cavendish, 2014). Adoramos a história pessoal de Adam e suas ideias práticas.
- *Fixe o conhecimento: a ciência da aprendizagem bem-sucedida*, de Peter C. Brown, Henry L. Roediger III, e Mark A. McDaniel (Penso, 2018). Um dos nossos livros preferidos sobre aprendizagem para adultos.
- *Aprendendo a aprender: Como ter sucesso em matemática, ciências e qualquer outra matéria* de Barbara Oakley (Infopress, 2015). Mesmo

que sejamos nós mesmos falando, esse é realmente um ótimo livro sobre aprendizagem; apresenta algumas das ideias do *Aprendendo a aprender* mas de uma perspectiva adulta que inclui ideias adicionais.

- *Mindshift: Break Through Obstacles to Learning and Discover Your Hidden Potential*, de Barbara Oakley (New York: TarcherPerigee, 2017). Esse livro explora como você pode mudar através da aprendizagem, às vezes muito mais do que pode imaginar!
- *Peak: Secrets from the New Science of Expertise*, de Anders Ericsson e Robert Pool (New York: Eamon Dolan/ Houghton Mifflin Harcourt, 2016). Curiosamente, o que Anders denomina "representação mental" é parecido com o que chamamos de "corrente cerebral".
- *Remember It! The Names of People You Meet, All Your Passwords, Where You Left Your Keys, and Everything Else You Tend to Forget* de Nelson Dellis (New York: Abrams Image, 2018). Um dos melhores livros de desenvolvimento da memória para adultos.

CRÉDITOS DAS ILUSTRAÇÕES

1 Barb Oakley, foto de Rachel Oakley, cortesia Barbara Oakley.

3 Terrence Sejnowski, cortesia do Salk Institute e Terrence Sejnowski.

4 Alistair McConville, foto de Sarah Sheldrake, cortesia Alistair McConville.

5 Barb Oakley com o carneiro Earl, cortesia de Barbara Oakley.

8 Phil Oakley na Antártica, cortesia Philip Oakley.

10 Iliriana Baftiu "passeando pelas figuras", © 2018 Bafti Baftiu.

14 Magnus Carlsen e Garry Kasparov, cortesia de CBS News.

15 Scanner de ressonância magnética no Narayana Multispeciality Hospital, Jaipur, by GeorgeWilliams21, https:// commons.wikimedia.org/ wiki/ File:MRI _ Scanner_ at_ Narayana_ Multispeciality_ Hospital,_ Jaipur.jpg.

15 Visão de corte sagital do cérebro, registrada pelo Genesis12~enwiki na Wikipédia em inglês, https:// commons.wikimedia.org/ wiki/ File:Sagittal_ brain_ MRI.jpg.

16 Iliriana Baftiu no modo focado, © 2018 Bafti Baftiu.

17 Iliriana Baftiu no modo difuso, © 2018 Bafti Baftiu.

22 Pirâmide de moedas, cortesia do autor.

23 Iliriana Baftiu aparentemente frustrada, © 2018 Bafti Baftiu.

33 Um timer para prática do método Pomodoro, Autor: Francesco Cirillo rilasciata a Erato nelle sottostanti licenze seguir Ã OTRS, http:// en.wikipedia.org/ wiki/ File:Il _ pomodoro.jpg [em italiano].

34 Iliriana Baftiu relaxando, © 2018 Bafti Baftiu.

56 Imagem em Domínio Público por Douglas Myers, https:// commons.wikime dia.org/ wiki/ File:EEG_ cap.jpg [em inglês].

Todas as outras ilustrações são de autoria de Oliver Young.

AGRADECIMENTOS

Gostaríamos de agradecer Joanna Ng, nossa editora da Penguin. Joanna é uma editora extraordinária e este projeto é muito melhor graças a ela. Nossa agente literária, Rita Rosenkranz, que nos apoiou e orientou de forma extraordinária. Adam Johnson fez um trabalho magnífico com o design da capa original. Sheila Moody foi incrível como revisora e Sabrina Bowers faz o excepcional layout. Agradecemos também Marlena Brown e Roshe Anderson por seu apoio perspicaz na publicidade e marketing.

Somos gratos pela ajuda das seguintes pessoas (imploramos o perdão de qualquer um cujo nome possamos ter acidentalmente negligenciado):

Unas e Ahmed Aamir; Ben, Maureen, Cooper, e Crash Ackerly; Cathi Allen; Arden e Eileen Arabian; Bafti e Iliriana Baftiu; Maliha Balala; John Becker; Robert Bell; Elena Benito; Pamela Bet; Annie Brookman-Byrne; Keith Budge e Bedales School; Paul Burgmayer e alunos; Christina Buu-Hoan e Kailani e Gavin Buu-Doerr; Meigra e Keira Chin; Romilly Cocking; Ruth Collins; Christine Costa; Massimo Curatella; Andy Dalal; Simon e Nate Dawson; Yoni Dayan; Javier DeFelipe; Pablo Denis; Sudeep Dhillon; Melania Di Napoli; Matthieu Dondey; Catherine Dorgan e família; Susan Dreher; Dina Eltareb; Richard Felder; Jessica Finnigan e família; Shamim Formoso e alunos; Jeffrey Frankel; Beatrice Golomb; Jane Greiner; Maureen Griffin e alunos; Tarik Guenab; Gary Hafer; Greg Hammons; Paula Hoare; Richard Hypio; Shaju e Isabella Jacob; M. Johnson; Karine Joly e seus filhos Horatio e Valerius; Jonneke Jorissen; Kalyani Kandula; Sahana Katakol; Tanya e Laura Kirsch; Jake Kitzmann; Cristina Koppel; Barbora Kvapilová; Loi Laing; Aune Lillemets; Susan Lucci; Beate Luo; Jennifer e Matthew Mackerras; Genevieve Malcolm; Kyle Marcroft; Anaya, Nafisa, e Mohamed Marei; Max Markarian; David Matten; Susan Maurice e alunos; Jo, Lulu, Ewan, e Jacob McConville; Zella e Jeremiah McNichols; Jim Meador; Jill Meisenheimer; Gerry Montemayor; Mary Murphy; Aleksandra Nekrasova; Patricia Nester; Michael Nussbaum; Philip, Roslyn, e Rachel Oakley; Jennifer Padberg; Saadia Peerzada; Violeta Piasecka; Michael Pichel; Jocelyn Roberts; Rev. Dr. Melissa Rudolph; Dennis Ryan; Leslie Schneider; Grace Sherrill; Julia Shewry; Maya Sirton; Vince Stevenson; Ray Symmes; Jimi Taiwo; Lauren Teixeira; Louise Terry; Barbara Tremblay; Donna e Hannah Trenholm; Bonny Tsai; Bonnie Turnbull; Robert Van Til e Oakland University; Vickie Weiss e alunos; Alan Woodruff; Arthur Worsley; Julia Zanutta. E Violet (uma cachorrinha).

NOTAS

CAPÍTULO 2

1. Parabéns por visitar-nos aqui no final do livro! Esta é a primeira nota. Muitas dessas notas finais são para leitores mais maduros que podem interessar-se em verificar a fonte de algumas ideias que apresentaremos neste livro. Não podemos informar todas as fontes, pois as notas seriam muito mais extensas do que o resto do livro. Mas podemos informar algumas que julgamos mais importantes e interessantes. Livros bem pesquisados normalmente trazem notas para que você possa verificar sozinho se a pesquisa que fundamentou o livro vale a pena. As notas também oferecem outras informações que o autor considera interessante, mas que são assuntos relacionados. Às vezes é confuso decidir se colocamos a nota no rodapé ou no final do livro. Não se preocupe se você pular as notas do final.

   Esta primeira nota oferece mais informações sobre o modo focado. Os psicólogos cognitivos denominam as pequenas redes do modo focado de "redes de tarefa positiva". Dois cientistas chamados Xin Di e Bharat B. Biswal publicaram um artigo sobre esse conceito em 2014. Farei referência a esse artigo da forma abreviada "Di e Biswal, 2014". Você encontra informações mais completas sobre o artigo na lista de bibliografia.

   O que chamamos de modo "difuso" neste livro é visto pelos neurocientistas de diferentes maneiras. Alguns pesquisadores pensam que esse modo consiste em muitos estados de descanso neural diferentes (Moussa et al., 2012). Outras vezes, pensam que esse modo são formas diferentes alternativas da "rede de modo default". Veja o artigo de Kalina Christoff e seus coautores na bibliografia para uma revisão das diferentes partes do cérebro utilizadas quando ele está relaxando (Christiff et al., 2016). (Perceba que usamos "et al." com frequência para informar que há outros autores). Alerta: o artigo de Christoff, como muitos dos artigos que recomendamos nas notas, é bem avançado.

2. Agradecimentos a Joanna Lukasiak-Holysz.
3. https://www.famousscientists.org/7- great-examples-of-scientific-discoveries-made-in-dreams/.
4. Basta mover as moedas como demonstrado — vê como o novo triângulo aponta para baixo?

CAPÍTULO 3

1. Karpicke and Blunt, 2011; Bird et al., 2015.
2. Smith et al., 2016. Perceba que o que estamos chamando de "recordar ativamente" costuma ser denominado "prática de lembrar" na literatura.
3. Karpicke and Blunt, 2011.

CAPÍTULO 4

1. Ramón y Cajal, 1937 (reimpressão 1989).
2. Sim, sabemos que há neurotransmissores envolvidos. Mas preferimos evitar colocar as coisas em um nível mais profundo de complexidade.
3. Dizem normalmente que essa frase foi usada pela primeira vez em 1949 por Donald Hebb, um neuropsicólogo canadense. Mas essa frase é apenas um jeito rápido de resumir uma das ideias-chave de Hebb. A teoria de Hebb é mais complexa, como qualquer neurocientista ficaria feliz em explicar para você.
4. Em nosso livro, usaremos a expressão "correntes cerebrais". Denominamos o processo de criar uma corrente cerebral de "conexão". Os neurocientistas usam os termos "fragmento" e

"agrupamento" (veja Guida et al., 2013; Guida et al., 2012). Os psicólogos cognitivos usam o termo "representação mental" para um conceito similar (veja Ericsson e Pool, 2016). Escolhemos o termo correntes cerebrais porque o termo "fragmento", embora bem estabelecido na neurociência, pode ser confuso (veja Gobet et al., 2016, para uma discussão sobre a confusão). Representação mental, por outro lado, não tem o sentido de conectividade dos neurônios que ocorre no termo corrente cerebral.

5. Anacker and Hen, 2017

6. Aprender também parece estimular a criação de novos neurônios. O nascimento e crescimento de novos neurônios é chamado "neurogênese". Essa é uma área emergente da neurociência e os pesquisadores têm muito a aprender. Veja Anacker e Hen, 2017.

   Quero lembrar os leitores que estamos simplificando processos importantes. Existem muitos outros processos envolvidos na aprendizagem e na memória. Veja, por exemplo, Gallistel e Matzel, 2013.

7. Quanto mais você pratica, mais fortes ficam suas correntes cerebrais. Os processos reais são muito mais complexos do que os que estamos mostrando aqui com o par de neurônios simbólico nas correntes cerebrais. Na verdade, a conectividade das sinapses individuais aumenta; mais sinapses e neurônios podem juntar-se às correntes; um processo chamado mielinização ocorre isolando e ajudando a acelerar os sinais; e muitos outros processos decorrentes.

8. Anderson, 2014

9. Ser sábio é mais importante do que ter dinheiro. A vida é como uma peça: cada um interpreta um papel diferente e está, de alguma maneira, atuando.

10. Agradecemos Elena Brito pelas ideias desta seção (correspondência por e-mail, Novembro de 2017).

CAPÍTULO 6

1. Yang et al., 2014.
2. Carpenter et al., 2012; Vlach and Sandhofer, 2012.
3. Karpicke and Bauernschmidt, 2011.

CAPÍTULO 7

1. Um dos melhores livros baseados em pesquisa científica sobre memória é Baddeley et al., 2009.
2. Cowan, 2001. Então, tecnicamente, temos um quadrúpede aqui!
3. Qin et al., 2014.
4. Anguera et al., 2013.

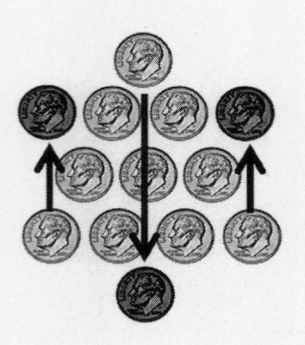

CAPÍTULO 8

1. Esta nota é para aprendizes que estão em um nível mais avançado de conhecimento sobre o cérebro. Você pode estar se perguntando qual é a diferença biológica entre a memória semântica e a episódica. Podemos dizer que aparentemente a memória semântica está associada com o córtex frontal e o temporal, enquanto a episódica está associada, ao menos inicialmente, com o hipocampo. Mas ainda há muito trabalho a ser feito para entender a memória!
2. Você também encontra essas dicas no vídeo do Nelson no YouTube: https://www.youtube.com/watch?v=bEx60e_45-Q [em inglês].
3. Ericsson, 2003; Maguire et al., 2003; Dresler et al., 2017.

4. Hunt and Thomas, 1999, p. 95.
5. Correspondência de Nelson Dellis para Barb Oakley, 2 de setembro de 2017.

CAPÍTULO 9

1. No início deste capítulo, mencionamos que aquilo que denominamos corrente cerebral é o que os neurocientistas às vezes chamam fragmentos neurais e os psicólogos cognitivos chamam de representações mentais.
2. Memórias de longo prazo são latentes na organização anatômica de muitas redes diferentes do cérebro. Inputs sensoriais, ou inputs de outras áreas cerebrais, podem ativar um subconjunto de neurônios, elétrica e bioquimicamente. Então, quando dizemos "conexão", na verdade estamos nos referindo a "ativação".
3. Rittle-Johnson et al., 2015.
4. Veja *A Mind for Numbers*, iniciando na página 184, juntamente com as notas finais, para uma discussão mais detalhada dessa área.
5. Partnoy, 2012, p. 73. Partnoy afirma: "Às vezes entender com precisão o que estamos fazendo inconscientemente pode matar a espontaneidade natural. Se formos muito autoconscientes, bloquearemos nossos instintos quando precisarmos deles. Porém, se não formos autoconscientes, nunca melhoraremos nossos instintos. O desafio durante alguns segundos é estar ciente dos fatores que afetam nossas decisões... mas não cientes demais a ponto de eles ficarem ineficazes e inoperantes" (p. 111).
6. Guskey, 2007.
7. Sweller et al., 2011
8. Shenhav et al., 2017; van der Schuur et al., 2015.
9. Agradecemos Elena Benito pelas ideias desta seção. (correspondência por e-mail, novembro de 2017).

CAPÍTULO 11

1. Van Praag et al., 1999.
2. Szuhany et al., 2015.

3. Lu et al., 2013.

4. Van Praag, 2009.

5. Lin and Kuo, 2013

CAPÍTULO 12

1. Thurston, 1990, pp. 846-847.

2. Ericsson, 2006.

3. Butler, 2010. Dois grandes artigos que abordam métodos de estudo que parecem funcionar melhor para alunos são Roediger e Pyc, 2012, e Dunlosky et al., 2013. Livros direcionados a adultos com pesquisas recentes sobre aprendizagem e como aplicá-las a sua vida são Brown et al., 2014, e claro Oakley, 2014, e Oakley, 2017. O trabalho de Robert e Elizabeth Bjork sobre "dificuldades desejáveis" é relevante aqui também — para uma visão geral, veja Bjork e Bjork, 2011.

4. Rohrer e Pashler, 2010; Rohrer et al., 2014.

5. Phillips, 1995; Kirschner et al., 2006.

6. Rittle-Johnson et al., 2015.

7. Agradecemos Zella McNichols por essa ideia (correspondência por e-mail, Jeremiah McNichols, 7 de dezembro de 2017).

CAPÍTULO 13

1. Baddeley et al., 2009, capítulo 8.

2. Algumas informações desta seção foram obtidas do vídeo da Barb no curso on-line Mindshift: https://www.coursera.org/learn/ mindshift/lecture/K0N78/2-9-integrate-all-your-senses--into-learning-the-pitfalls-of-learning-styles [em inglês]. Veja a pesquisa de Beth Rogowsky em Rogowsky et al., 2015. Veja também o webinar de Beth com Terry: http://www.brainfacts.org/sensing-thinking-behaving/learning-and-memory/articles/2016/learning-styles-hurt-learning-101216/ [em inglês]. Nessa webconferência, Beth argumenta que os professores que fazem questão de "ensinar para o estilo de aprendizagem correto" podem estar dando motivo para serem processados. Outras fontes incluem Coffield, 2012, e a excelente discussão em Willingham, 2010.

3. Xie et al., 2013.
4. Walker, 2017.
5. Seguindo essa linha, um estudo recente (Settles and Hagiwara, 2018) mostrou que os melhores aprendizes do aplicativo de aprendizado de línguas Duolingo eram aqueles que revisavam antes de dormir todas as noites, incluindo os finais de semana.
6. Patston and Tippett, 2011; Shih et al., 2012; Thompson et al., 2012.
7. Agradecimentos a Kalyani Kandula (correspondência por e-mail, 22 de novembro de 2017).

CAPÍTULO 14

1. Bavelier et al., 2012; Anguera et al., 2013; Schenk et al., 2017.
2. DeCaro et al., 2015.
3. White and Shah, 2011.

CAPÍTULO 15

1. Belluck, 2011; Karpicke and Blunt, 2011.
2. Visite o site do Dr. Felder em http://www4.ncsu.edu/unity/lockers /users/f/felder/public/ [em inglês] para uma oferta enorme de informações úteis sobre aprendizagem das disciplinas STEM (ciências, tecnologia, engenharias e matemática). A lista original para provas dele pode ser encontrada em Felder, 1999.
3. Smith et al., 2016.
4. Sapolsky, 2015; Luksys and Sandi, 2014.
5. Beilock, 2010, pp. 140-141.
6. Rupia et al., 2016.

CAPÍTULO 16

1 DeFelipe et al., 2014.
2. Burton, 2008.

RESPOSTAS PARA AS QUESTÕES

1. Agradecemos os comentaristas Vikrant Karandikar, Juan Fran Gómez Martín, e Dennise Cepeda do curso online *Mindshift* pelas metáforas.

BIBLIOGRAFIA

Apresentamos aqui alguns dos materiais mais importantes para que você veja como são boas referências. Se quiser ainda mais informações, por favor consulte a bibliografia mais completa nos livros da Barb *Aprendendo a Aprender* (Atena, 2017) e *Mindshift* (TarcherPerigee, 2017).

Anacker, C, and R Hen. "Adult hippocampal neurogenesis and cognitive flexibility linking memory and mood." Nature Reviews: Neuroscience 18, 6 (2017): 335– 346.

Anderson, ML. After Phrenology: Neural Reuse and the Interactive Brain. Cambridge, MA: MIT Press, 2014.

Anguera, JA, et al. "Video game training enhances cognitive control in older adults." Nature 501, 7465 (2013): 97– 101.

Baddeley, A, et al. Memória. Porto Alegre: Artmed, 2011.

Bavelier, D, et al. "Brain plasticity through the life span: Learning to learn and action video games." Annual Review of Neuroscience 35 (2012): 391– 416.

Beilock, S. Deu branco! Rio de Janeiro: Bestseller, 2017.

Belluck, P. "To really learn, quit studying and take a test." New York Times, January 20, 2011. http://www.nytimes.com/2011/01/21/science/21memory.html.

Bird, CM, et al. "Consolidation of complex events via reinstatement in posterior cingulate cortex." Journal of Neuroscience 35, 43 (2015): 14426– 14434.

Bjork, EL, and RA Bjork. "Making things hard on yourself, but in a good way: Creating desirable difficulties to enhance learning." Chapter 5 in Psychology and the Real World: Essays Illustrating Fundamental Contributions to Society, MA Gernsbacher, RW Pew, LM Hough, and JR Pomerantz, eds. New York: Worth Publishers, 2011, pp. 59– 68.

Brown, PC, et al. Fixe o Conhecimento: A Ciência da Aprendizagem Bem-Sucedida. Porto Alegre: Penso, 2018.

Burton, R. Sobre ter Certeza: Como a Neurociência Explica a Convicção. São Paulo: Blucher, 2017.

Butler, AC. "Repeated testing produces superior transfer of learning relative to repeated studying." Journal of Experimental Psychology: Learning, Memory, and Cognition 36, 5 (2010): 1118.

Carpenter, SK, et al. "Using spacing to enhance diverse forms of learning: Review of recent research and implications for instruction." Educational Psychology Review 24, 3 (2012): 369– 378.

Christoff, K, et al. " Mind- wandering as spontaneous thought: A dynamic framework." Nature Reviews Neuroscience 17, 11 (2016): 718– 731.

Coffield, F. "Learning styles: Unreliable, invalid and impractical and yet still widely used." Chapter 13 in Bad Education: Debunking Myths in Education, P Adey and J Dillon, eds. Berkshire, UK: Open University Press, 2012, pp. 215– 230.

Cowan, N. "The magical number 4 in short- term memory: A reconsideration of mental storage capacity." Behavioral and Brain Sciences 24, 1 (2001): 87– 114.

DeCaro, MS, et al. "When higher working memory capacity hinders insight." Journal of Experimental Psychology: Learning, Memory and Cognition 42, 1 (2015): 39– 49.

DeFelipe, J, et al. "The death of Cajal and the end of scientific romanticism and individualism." Trends in Neurosciences 37, 10 (2014): 525– 527.

Di, X, and BB Biswal. "Modulatory interactions between the default mode network and task positive networks in resting- state." Peer Journal 2 (2014): e367.

Dresler, M, et al. "Mnemonic training reshapes brain networks to support superior memory." Neuron 93, 5 (2017): 1227– 1235.e6.

Dunlosky, J, et al. "Improving students' learning with effective learning techniques: Promising directions from cognitive and educational psychology." Psychological Science in the Public Interest 14, 1 (2013): 4– 58.

Dweck, CS. Mindset: A nova psicologia do sucesso. São Paulo: Objetiva, 2017.

Ericsson, KA. "Exceptional memorizers: Made, not born." Trends in Cognitive Sciences 7, 6 (2003): 233– 235.

_____ "The influence of experience and deliberate practice on the development of superior expert performance." Cambridge Handbook of Expertise and Expert Performance 38 (2006): 685– 705.

Ericsson, KA, and R Pool. Direto ao Ponto: Os segredos da nova ciência da expertise. São Paulo: Gutenberg, 2017.

Felder, RM. "Memo to students who have been disappointed with their test grades." Chemical Engineering Education 33, 2 (1999): 136– 137.

Gallistel, CR, and LD Matzel. "The neuroscience of learning: Beyond the Hebbian synapse." Annual Review of Psychology 64, 1 (2013): 169– 200.

Gobet, F, et al. "What's in a name? The multiple meanings of 'chunk' and 'chunking.' " Frontiers in Psychology 7 (2016): 102.

Guida, A, et al. "Functional cerebral reorganization: A signature of expertise? Reexamining Guida, Gobet, Tardieu, and Nicolas' (2012) two- stage framework." Frontiers in Human Neuroscience 7, doi: 10.3389 / fnhum.2013.00590. eCollection (2013): 590.

Guida, A, et al. "How chunks, long- term working memory and templates offer a cognitive explanation for neuroimaging data on expertise acquisition: A two- stage framework." Brain and Cognition 79, 3 (2012): 221– 244.

Guskey, TR. "Closing achievement gaps: Revisiting Benjamin S. Bloom's 'Learning for Mastery.' " Journal of Advanced Academics 19, 1 (2007): 8– 31.

Hunt, A, and D Thomas. O Programador Pragmático: De Aprendiz a Mestre. Porto Alegre: Bookman, 2010.

Karpicke, JD, and A Bauernschmidt. "Spaced retrieval: Absolute spacing enhances learning regardless of relative spacing." Journal of Experimental Psychology: Learning, Memory, and Cognition 37, 5 (2011): 1250.

Karpicke, JD, and JR Blunt. "Retrieval practice produces more learning than elaborative studying with concept mapping." Science 331, 6018 (2011): 772– 775.

Kirschner, PA, et al. "Why minimal guidance during instruction does not work: An analysis of the failure of constructivist, discovery, problem- based, experiential, and inquiry- based teaching." Educational Psychologist 41, 2 (2006): 75– 86.

Lin, T-W, and Y-M Kuo. "Exercise benefits brain function: The monoamine connection." Brain Sciences 3, 1 (2013): 39– 53.

Lu, B, et al. " BDNF- based synaptic repair as a disease- modifying strategy for neurodegenerative diseases." Nature Reviews: Neuroscience 14, 6 (2013): 401.

Luksys, G, and C Sandi. "Synaptic mechanisms and cognitive computations underlying stress effects on cognitive function." Chapter 12 in Synaptic Stress and Pathogenesis of Neuropsychiatric Disorders, M Popoli, D Diamond, and G Sanacora, eds. New York: Springer, 2014, pp. 203– 222.

Maguire, EA, et al. "Routes to remembering: The brains behind superior memory." Nature Neuroscience 6, 1 (2003): 90.

Moussa, M, et al. "Consistency of network modules in resting- state fMRI connectome data." PLoS ONE 7, 8 (2012): e44428.

Oakley, BA. Aprendendo a Aprender. Como Ter Sucesso em Matemática, Ciências e Qualquer Outra Matéria. São Paulo: Infopress, 2015.

Oakley, BA. Mindshift: Break Through Obstacles to Learning and Discover Your Hidden Potential. New York: TarcherPerigee, 2017.

Partnoy, F. Como fazer a escolha certa na hora certa. Rio de Janeiro: Elsevier, 2012.

Patston, LL, and LJ Tippett. "The effect of background music on cognitive performance in musicians and nonmusicians." Music Perception: An Interdisciplinary Journal 29, 2 (2011): 173– 183.

Phillips, DC. "The good, the bad, and the ugly: The many faces of constructivism." Educational Researcher 24, 7 (1995): 5– 12.

Qin, S, et al. " Hippocampal- neocortical functional reorganization underlies children's cognitive development." Nature Neuroscience 17 (2014): 1263– 1269.

Ramón y Cajal, S. Recollections of My Life. Cambridge, MA: MIT Press, 1937 (reprint 1989). Originally published as Recuerdos de Mi Vida in Madrid, 1901– 1917, translated by EH Craigie.

Rittle- Johnson, B, et al. "Not a one- way street: Bidirectional relations between procedural and conceptual knowledge of mathematics." Educational Psychology Review 27, 4 (2015): 587– 597.

Roediger, HL, and MA Pyc. "Inexpensive techniques to improve education: Applying cognitive psychology to enhance educational practice." Journal of Applied Research in Memory and Cognition 1, 4 (2012): 242– 248.

Rogowsky, BA, et al. "Matching learning style to instructional method: Effects on comprehension." Journal of Educational Psychology 107, 1 (2015): 64– 78.

Rohrer, D, et al. "The benefit of interleaved mathematics practice is not limited to superficially similar kinds of problems." Psychonomic Bulletin Review (2014): 1323– 1330.

Rohrer, D, and H Pashler. "Recent research on human learning challenges conventional instructional strategies." Educational Researcher 39, 5 (2010): 406– 412.

Rupia, EJ, et al. " Fight- flight or freeze- hide? Personality and metabolic phenotype mediate physiological defence responses in flatfish." Journal of Animal Ecology 85, 4 (2016): 927– 937.

Sapolsky, RM. "Stress and the brain: Individual variability and the inverted-U." Nature Neuroscience 18, 10 (2015): 1344– 1346.

Schenk, S, et al. "Games people play: How video games improve probabilistic learning." Behavioural Brain Research 335, Supplement C (2017): 208– 214.

Scullin, MK, et al. "The effects of bedtime writing on difficulty falling asleep: A polysomnographic study comparing to-do lists and completed activity lists." Journal of Experimental Psychology: General 147, 1 (2018): 139.

Settles, B, and Hagiwara, M. "The best time of day to learn a new language, according to Duolingo data," Quartz, Feb 26, 2018.

https://qz.com/1215361/ the-best-time-of-day-to-learn-a-new-language-according-duolingo-data.

Shenhav, A, et al. "Toward a rational and mechanistic account of mental effort." Annual Review of Neuroscience 40, 1 (2017): 99– 124.

Shih, Y-N, et al. "Background music: Effects on attention performance." Work 42, 4 (2012): 573– 578.

Smith, AM, et al. "Retrieval practice protects memory against acute stress." Science 354, 6315 (2016).

Sweller, J, et al. Cognitive Load Theory. New York: Springer, 2011.

Szuhany, KL, et al. "A meta- analytic review of the effects of exercise on brain- derived neurotrophic factor." Journal of Psychiatric Research 60 (2015): 56– 64.

Thompson, WF, et al. "Fast and loud background music disrupts reading comprehension." Psychology of Music 40, 6 (2012): 700– 708.

Thurston, WP. "Mathematical education." Notices of the American Mathematical Society 37, 7 (1990): 844– 850.

Van der Schuur, WA, et al. "The consequences of media multitasking for youth: A review." Computers in Human Behavior 53 (2015): 204– 215.

Van Praag, H. "Exercise and the brain: Something to chew on." Trends in Neurosciences 32, 5 (2009): 283– 290.

Van Praag, H, et al. "Running enhances neurogenesis, learning, and long- term potentiation in mice." Proceedings of the National Academy of Sciences of the United States of America 96, 23 (1999): 13427– 13431.

Vlach, HA, and CM Sandhofer. "Distributing learning over time: The spacing effect in children's acquisition and generalization of science concepts." Child Development 83, 4 (2012): 1137– 1144.

Waitzkin, J. The Art of Learning: An Inner Journey to Optimal Performance. New York: Free Press, 2008.

Walker, M. Por que nós dormimos: A nova ciência do sono e do sonho. Rio de Janeiro: Intrínseca, 2018.

White, HA, and P Shah. "Creative style and achievement in adults with attention- deficit/ hyperactivity disorder." Personality and Individual Differences 50, 5 (2011): 673– 677.

Willingham, D. Por Que os Alunos Não Gostam da Escola?: Respostas da Ciência Cognitiva Para Tornar a Sala de Aula Mais Atrativa e Efetiva. Porto Alegre: Penso, 2011.

Xie, L, et al. "Sleep drives metabolite clearance from the adult brain." Science 342, 6156 (2013): 373– 377.

Yang, G, et al. "Sleep promotes branch- specific formation of dendritic spines after learning." Science 344, 6188 (2014): 1173– 1178.

Zull, JE. The Art of Changing the Brain: Enriching the Practice of Teaching by Exploring the Biology of Learning. Sterling, VA: Stylus Publishing, 2002.

Este livro foi composto na tipografia
Palatino LT Std, em corpo 11/16, e impresso em
papel off-white no Sistema Digital Instant Duplex
da Divisão Gráfica da Distribuidora Record.